松本 由隆

# 震災を問う
# 生きる
# いのちのメッセージ

## 演劇表現を通して

柘植書房新社

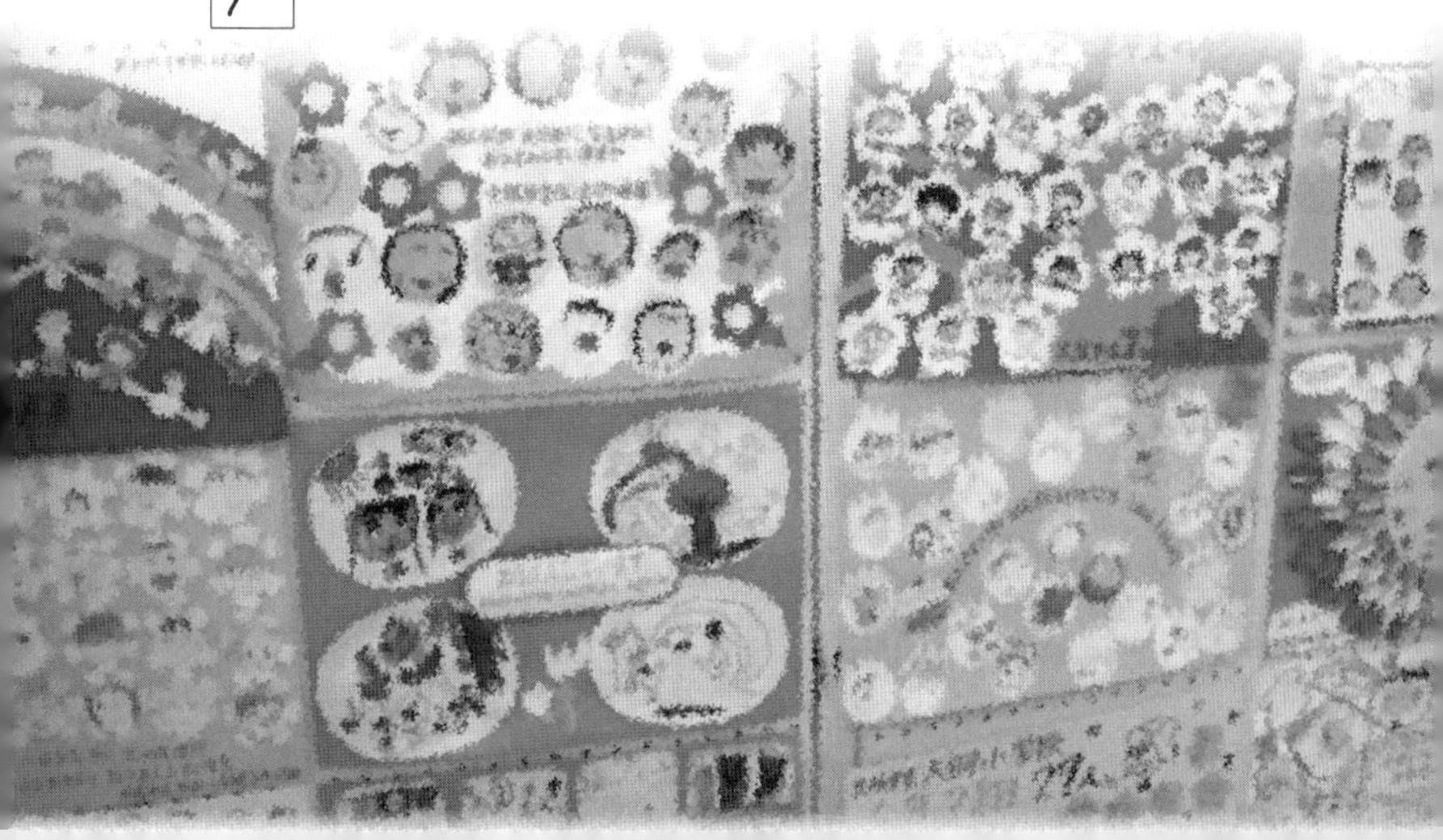

# 震災を問う　生きるいのちのメッセージ——演劇表現を通して

# はじめに

## 【ポスト震災の生をどう共有できるのか】

民間から途中で転職し、教育現場に足を置き、フィールドにしてきて２０年以上になる。民間では１８年、教員生活２０年以上ということである。

本書は、その集大成として次世代への若い教員へのメッセージである。民間では、紀伊國屋書店に勤務して様々なことを見聞き、体験した。その後、小学校の教育現場で教鞭をとる中、教えてきたのは、１年生以外の2年生から6年生までの学年であった。担任を通して考えてきたこと、考えさせられてきたことを付記し震災から捉えた問題意識を形にしていく。それが私のフィールドワークとなった。

自分が今、生かし生かされているなという想いをもちつづけることができた。２０年以上現場に携わってきた中で、子どもたちには、「表現」というキーワードをもって演劇指導を行い、震災のことをフィールドワークにしてきた。考えてきた。教えることと学ぶことの2つの側面が、子どもたちにとって、その後の人生を考えていく大きなきっかけとなっていることを保護者からの声、手紙、保護者会などでの意見を聞く中で確かめることができた。

その意味では、教科書では教えることができないことを教えておかなくてはならない。そんな想いに駆られていた。伝えることの大切さを意識していた。

今では、防災を意識することで防災教育は一般化しつつある。それは、日々の備えや危機管理意識を育成しようという方向で一般化しつつある。

しかし、まだまだ未分化なままと言わざるを得ない。これだけ甚大な被害を負ったことを、どこかに忘却しようとしていると言ってよい。

人は自分の生きる場で甚大な被害を受けたり、知り合いが被害を受けたりすると自分の問題として受け入れる。そうではない場合は、他人事としていっときの出来事として何ら気にとめないまま過ごしてしまう。他者への想像力は見えないままである。見えない他者への眼差しや向き合い方を学んでいないと感じることが昨今多くなってきている。

やはり、被災地が今でも変わりなく被災地のままであるということ。それを伝えること、伝えなくてはならないことを意識してきた。

それは、被災地の人の息づかいであり、震災当時、人々はどう生き抜いてきたのか、その中で生きるものの魂と死者の魂の行方を交錯させながら被災地の今の今を伝えることを意識してきた。私は被災地に何回と足繁く通う中で被災地と非被災地の意識の温度差の落差に、人を想う想像力が如何に欠落していることかとの挫折感、焦燥感を感じていた。当世教員の環境から日々のルーティンワークで人への想像力を枯渇させている現状も歪めない事実である。また、市井の人々の生活もまた、自分の生活の今に追われている。

しかし相手を想う想像力が生まれるのは、その人自身のメンタリティの問題でもある。つまり、その人の立ち位置や意識のアンテナの張りようにある。

故に、この意識の落差を埋めることが、与えられた課題として私は感じ、被災地へ行き、被災地の今をメッセージに書き綴った。

それを台本という形でまとめた。当初、「総合的な学習の時間」という特別活動の時間が教科に格上げされた中で、子どもたちに何をどう伝えるか、また被災地の人々が、どう今後の生きるということを考えているのか、そのことを捉え非被災地と被災地のつながり方を考えていく。それは、ラブ&ピースではなく、「連帯」＝ソリダリティーとして、この震災を伝えることが如何に役に立つものになるかを試行錯誤していた。

荒涼とした風景は、阪神・淡路大震災、東日本大震災とも共通している。阪神・淡路大震災は都会の人々の生活、失業、生活再建、町の再生、人の復興を考えさせられた。東日本大震災は、東北の地方の太平洋側の漁業、農業、酪農という一次産業を生業としている人々の生活再建、津波、原発事故、風評被害、やがて、十年も経てば忘れてしまう風化被害に苛まれ、人々の生活再建という立ち上がり＝自立をするという問題が都会と田舎の地震の違いから、震災の問い方を考えていく必要にかられた。
阪神大震災は、神戸を中心とする戦後の大きな地震として、世の中が騒然とした時代であった。東日本大震災は、さらに南北に貫く５００キロメートルの帯状というとてつもない大きな地震であった。日本が壊れるという意識をもったものである。

これら二つの地震に遭遇した人々の当時の生きざま、置かれてきた環境に対して、人として、そして教育現場で仕事をしている私自身、非被災地に暮らす人々が何をしたら良いか、何を学ぶことができるのか、を問い続けてきた。被災地と非被災地とのつながり方を私自身が被災地と結ぶ回路をもつことで、何かを伝えることを考えたとき、演劇表現でまずは学び、調べ、問題意識を培うところから身体表現を通して、人々に伝えること、これを命題にしてきた。この点を踏まえ、本書のもつ意味が学びからの創造という形を演劇表現として、いのちのメッセージとしていくものである。「生きる〜いのちのメッセージ〜」がそれである。

一部、二部とで構成した。一部は、教育実践としてまとめたものであると合わせて演劇表現に至る過程を綴っている。二部は防災のために、被災地を捉えるうえでの視点を綴っている。

# 第1部　演劇作りとは

# 序

演劇表現がもたらす可能性、表現するという行為にどれだけの意味があるか等を考え、何回かの震災劇を作ってきた。オリジナルを作る。オリジナルは常に変化し、いくつものバージョンになっていった。その年の子どもたちの意識、震災に対する向き合い方を意識し、その事柄のもつ意味を捉えた大切なメッセージが何かを学んだものである。

それは、各年度ごとの子どもたちといっしょに震災劇の内容を共有し作ってきた。言わば、震災の追体験をしていくというものであった。

それは、劇自体の一つひとつの台詞に意味と問題意識と、学びとしての知識、人を想う想像力、人と人、町と人、当時、人々はどう生きたのか、想像力から創造力に練り上げていく形であった。つまり場面ごとの意味を幕に付与し震災劇という形をとったことである。被災地へＤＶＤにして渡したいという保護者の方々も出てきて、相談を受けたこともあった。

親御さんは、双方の被災地の出身の方である。一人は、神戸の出身、一人は岩手県の出身の方であった故に、考えさせられ、劇表現が如何に大切かを伝えてもらった。

ありがたいことであった。

本書は震災関連の台本を何本も書き綴ったものを一つひとつバージョンを変え何編かを収録している。学芸会、学習発表会に役立てていただけることを意識し、本書を教育現場に携わる次世代、現役の教員、さらに教育現場以外で考えたとき、演劇界での人々にもふれていただければありがたい。もちろん、子どもたちもまた、教え子として今後の生を考えていくうえで、今後、震災に対する向き合い方として、本書にふれてもらうと有り難い。

本書がその一助になれば幸いである。地域での学習会、各級機関として教育図書として生かしていただければありがたい。本書はいろいろな使われ方があっても良いと考える。

私自身、立川市曙町の青少年育成会、町内会、学校の関係の人々と共に学習会（講演会）という形で何回かやらせていただいた。その時教え子が参加していたのは、ありがたかった。今の教え子、昔の教え子が一同に会して震災の今と、これからの被災地、私たちの被災地への向き合い方を共有していく場を作っていただいたことは記憶に新しい。また、校内の若手教員へのＯＪＴ教育を震災関連を軸に、被災地と私たちとの関係と題して指導してきた。加えて、地元の市民関係の講座の講師としても行ってきた。

教育の一つひとつを震災の問題意識に、防災や演劇表現が被災地支援につながるまでに、様々な作り上げていく過程があるのは言うまでもない。

一人ひとりが、私自身という一人称で語っていく。一人称で自分がどう向き合うか、被災地との関係でどうすべきかを問題意識としてもっている。これは、先に付記したように、子ども自身が一人称で捉え、それを踏まえグループでいくつかの視点を共有する中でお互い同士が調べたこと、分かったことを問題意識の一つとして提出していく。その全過程が調べ学習の本質としてある。

調べるテーマをパソコンやタブレット、図書室や市内の図書館から30冊ほど借りて震災関連本などから自らがテーマを探していく。

まとめ方として、紙芝居、新聞作り、ポスターセッション、パワーポイントにしたりした。また、自らが芝居を作っていくケースも見受けられた。

# 第一章　演劇表現するとは、そもそも何かを問う

～問題意識を育む授業の始まり～

人が人らしく生きるために、演技を通して、人に伝えるということ、演劇表現とは、そういうものだと思っている。

今、「表現、思考、判断力」という課題がアクティブラーニングとの関係で大きなテーマになっている。今日の学校現場で問われている大きな命題である。

「人に伝える」というのは、「人に伝わる」ことが本質である。子どもたちは、震災のことは遠くにある他人事で最初は捉えてしまう。

やがて、学習を通して、私が当時の様子をメッセンジャーとなって伝えていくことで関心をもつようになる。それでも、まだ他人事としている子どもたちが何人か出てしまう。あるのは教室空間の虚構の生としている部分である。つまり、過去の出来事で現代社会と結んでないということである。それは、生の現実に遭遇できない分、授業を受けているときも自分事にはしていない。（負の側面としてある）

これは、震災の原体験が遠い過去としてあり原体験をしていないことも手伝っている。

かつて、阪神・淡路大震災が起こった際、当時の子どもたちはしっかり向き合う姿があった。授業で考え、また調べたりニュースが日々の日常に入っていた。その意味で、意識の共有化が図られていた。授業に向き合う力というのも自ずともっていた。何とかしたいという想いから、駅前でカンパ活動をしたいという声があがり（八王子市立別所小学校の3年生）私に要請をしてきた子どもたちである。駅頭でのカンパは小学生は画期的ではあるものの、現実問題、相手が必要としているものを被災地に送ろうということで、使ってないきれいなタオルを送ることにした。

作文を携えて、神戸の甲子園球場の近くの春風小学校に作文をもっていった。

その時は、私の娘（当時小学校4年生）を連れて被災地の学校と被災地を歩いた。

## 震災を忘れないために

東日本大震災当時、4年生以上の子どもたちの意識は切迫感をもって捉えていた。

阪神・淡路大震災から26年、東日本大震災から10年が経とうとしている。ある意味、そのことを知らないで育っている子どもたちは震災というものの像が見えない。無理のない話ではある。

当時の小学生は震災のことを身近に捉えていた。また、当時のことを知らない今の小学生に教えていくのは、起こったことの事実、歴史の事実、人々の生きた姿、当時の社会の様子を一つずつ伝えることから紐解いていく作業からその時代にタイムスリップをしてもらうことが大切であるという意識をもつようになった。

震災を風化させないための身体表現が、演劇表現を通して、当時のことを伝えていく。これが如何に大切かということを私自身が考え始めていった。

震災のことを身近に捉えられている当時の小学生は、「結い」という、紡いで行くという意識の高さがあった。

人は、相手が見えた存在、現況を少しでも知っている、理解しているとなれば行動するということが、子ども自身をして意識していたのである。

八王子市立椚田小学校では、2年生の指導の際は、生活科でサツマイモを作って仮設住宅に送った。また、手紙を携えて現地に足を運んだ。(八王子市立別所小学校、八王子市立椚田小学校での体験)

## 東日本大震災の甚大な被害を通して

### 立川市立柏小学校の場合

私が震災をフィールドにしていることで、当時、立川のいくつかの小学校で震災をテーマに演劇に取り組んだ。震災を身近に感じてもらうために、校内全体で支援の取り組みを行い、特に言葉をしたためメッセージにし、各学年で被災地への励ましや、今想い浮かべる言葉を一言メッセージにし現地に送りとどけた。

　また、東北大震災では何が必要なのかを岩手県岩泉町立小本小学校太田校長先生と連絡をとりベルマークを集め商品に替え送り届けた。また、夏休みを利用し、校内での取り組みを直属の校長の親書を携えメッセンジャーとして持参し想いを伝えることができた。

　毎年、立川市内の各学校で取り組んでいる道徳地区公開講座では、パネラーとして登壇し、当時のＰＴＡの会長さん、元市議会議員（当時の学校評議員）の３名で子どもたちに被災地からのメッセージと私自身が捉えた震災というものの問題意識を校内全体の場で伝えていくことができた。

　３名の各パネラー同士の報告だけではなく震災そのものをどう捉えるかを校内全体で交流できたことは画期的なことであった。それは、道徳地区公開講座で「震災を問う」というテーマで公開討論を子どもたちと共に時間を共有できたことと、被災地への支援を意識し行動に結びついたということが画期的なことであった。

　これらは後にも先にも立川市立柏小学校の子どもたちとの関係で作られた到達した地平の高さを表している。日常的にも代表委員会の取り組みの報告を全校に呼びかけたり、当時の教職員の中に週一回は東日本大震災のボランティアに行っている教員がいたことで校内全体への働きかけがスムースに行えたのも特記すべきことである。そのような環境で同僚の坂本比呂実の被災地単独支援がさらに校内での支援に結びついたことも大きな要素であった。

もちろん、N校長先生の後押しがあったこと。これも付記しておきたい。ありがとうございました。これらの教職員全体に波及する支援の流れが子どもたちにも影響を与えたのは言うまでもない。その当時の子どもたちは、震災のことはクラスで調べて、ベルマーク集めと、被災地の岩手県岩泉町立小本小学校のこと、地元の特産物、龍泉洞という観光名所のこと、震災当時、高台に避難し全員が無事であったこと等を丹念に調べては壁新聞にしていた。

私も、この子たちの意識の高さに触発され、演劇表現を学年全体で取り組むことを提案した。たくさんの教員からの後押しがあったが故に、演劇の発表にいきついたものである。

## 震災点描　一人ひとりの語り

（ひとりずつ出ての語りとなる。発表したらその場に座る、全員の語りが終わったら起立をして礼）

自衛隊員1　震災当日は、出動命令があっても、すぐには助けにはいけませんでした。ガレキの山、ガス爆発、火事、煙で、中毒にかかっている人もいれば、ガレキの下でうずくまっている人、中には、すでにお亡くなりになっている人がいました。

自衛隊員2　死体をみるたんびに、死体に泣き叫ぶ人、その横でケガをしうずくまっている人。そんな中で、生存者を先に助けるということが任務であったわけですが、すでにお亡くなりになった人の横を通りぬけていくということで、人の死というものをこうも軽くみていいのか、考えさせられました。

消防隊員1　あの日は、風もなくおだやかな朝だった中での出来事でした。家は一瞬にしてくずれるものもあれば、ゆっくりと家の根元かズルズルとくずれていく家もありました。

消防隊員2　私は、宿直で消防署の屋上から回りをみていました。街が見る見るうちに、火の海になっていくのが見えました。サイレンを鳴らし出発をしようにも、大きな道路はふさがれじゅうたいが続いて助けに行けないんです。つまり、消防車が走れないんです。ホースが足らずまた、水がじゅうたいの車にホースごと押しつぶされた状態でした。水がでなかったのです。

看護士1　緊急車両は全国的にみて数が足りません。全国から救急車、消防車がかけつけてくれたことは、ありがたいことでした。

看護士2　多摩ナンバー、京都ナンバー、練馬ナンバー、沖縄ナンバー色々です。ありがとうございました。

医者1　医者の数が足らず、全国からの医者のボランティアを呼びかけました。いかんせん病院もつぶされ、患者さんを別の病院に搬送したりしました。震災で大きな傷や骨折、精神的なショックで、子どもたちは震災ショックが今でも続いています。

医者2　それは、今でも心の傷が癒えてないという状態にあると思います。避難所では、時期が時期だけにインフルエンザが流行をし、一人が風邪をひくと、それが隣の人に移るということです。また、避難所は学校の体育館での生活になることから、風邪が、肺炎になる患者が多くでました。さながら避難所では野戦病院になっていました。

児童1　僕は、家が焼け全部、家がなくなりました。だから、学校の体育館がお家でした。ダンボールを仕切りにしての生活が、半年続きました。まだ、僕は良い方です。避難所に入れない人は、公園のテントでの生活です。冬は寒いし、外の冷たい空気は、どうやってしのいでいるのかと思うと何か、涙がでてきます。

児童2　僕たちの避難所での生活は、子どもの学校に大人がきて生活をする中で、トラブルも起こったり、トイレに行きたいけど、飲むものをがまんしてトイレへいくのをできるだけ少なくしていることです。それもそのはず、体育館には、何百人という人が生活をし、トイレは数に限りがあるということです。

児童3　そして、何よりも学習したいけど、学習ができないということ、友だちとも遊べないというのがつらいです。

被災市民1　リュックサック、防塵マスク、ジャンパー、ジーパン、軍手、これらは当時の震災ルックです。ビルの撤去のためのコンクリートの粉塵が街全体を覆っていました。

呼吸困難な状態で毒ガスマスクをつけているという感じでした。

被災市民2　皆さんは、地震がきたらどうしますか？　火をけしますか？　机の下にもぐりますか？　ドアを開けて避難経路を確保しますか？　そんなん､何もできませんでした。ドーンと音がして突き上げられ、天井からはメリメリという音、床はヒビが入り、どこにも、逃げるという余裕はありませんでした。

被災市民3　これが実感です。起振車での震度を体験してみてください。何もできません。それが、阪神・淡路大震災です。

ボランティア1　震災から1年たち2年経ってくると、仮設住宅に入居している者には、いつまで甘えているんだ！　という声が聞こえてきました。ボランティアは仮設住宅に弁当を届けにいくんです。そしたら、死んではったんです。おひとりで。死後、5ヶ月が経過してはったんだそうです。

ボランティア2　仮設住宅は、自分が住んでいた街とは違うところに建てられ、仮設住宅は周りの住宅と全く違い、囲いこまれているのが常です。こう言っちゃ何ですが、収容所のような風景です。市民との関わりはなく、周りの市民が煙たく感じていたのも事実あるようです。

ボランティア3　私は、亡くなられた方に謝りたいです。何のためのボラティアか、誰のためのボランティアか。考えさせられました。私もまた、被災した者のひとりとして仮設住宅での死者の数が、２００人を超えたということを深く、考えなあかんと思います。自殺です。また、今は、復興住宅という高層化マンションの集合住宅が建設され、ほとんどの人が入居されはります。

ボランティア４　でも、仮設住宅で起こった自殺者と同じことが起こっています。しかも仮設住宅の時より自殺の数が多いということ。

学生１　あぁ、そうそう。神戸はＵＣＣのコーヒーの街でもあるということで、震災の一ヶ月後に、喫茶店に行ったんです。でも、その喫茶店、どう考えても傾いたままで営業をしているんです。でも、神戸のコーヒーはおいしいんです。店がゆがんだままの営業は何か、神戸っ子の強さを感じますね。店がゆがんだままの中で店の再開をして、コーヒーの香りの癒しの空間は、神戸が立ち直る思いを感じたもんです。

学生２　あぁ〜。それから神戸で大きな地震が起こって、何回も神戸に足を運んだ人の中に、ボランティアの人たちがいはった。そのボランティアの中には、神戸にそのまま、残りいついている人もいるそうです。町のことを考え、ＮＰＯの活動をされているそうです。

仮設住宅の入居者１　私は、長田区の長屋で暮らしていました。長田区はケミカルシューズという靴を作っている工場、在日の人々、ベトナムの人、中国の人等々、たくさんの人が住んでいました。そんな長田は神戸市の中で、大きな被害を受けたところです。

仮設住宅の入居者2　私は、西区の遠い、知らない場所の仮設住宅に住むようになりました。友だちは、ポートアイランドの仮設住宅に住むことが決まり喜んでいました。でも、ポートアイランドでの仮設住宅では、自殺者がでて周りの入居者は、不安を覚えていたと聞いています。

仮設住宅入居者3　第一仮設住宅から第七仮設住宅までの中で、自治会のあるところ、自治会ができなかったところとでは、コミュニティが出来る出来ないという形となって表れ、しまいには、自殺者を出してしまうという結果になったそうです。

市民1　あの震災から約15年が過ぎ、色々なことがありました。酒鬼薔薇事件。台風の水害。尼崎の列車転覆事故。東京では震災と同じ年に地下鉄サリン事件。神戸の隣での明石では花火大会のときに将棋倒しという事故があった。これらのすべてにお悔やみ申しあげます。

市民2　実は、震災では直接死、関連死、自殺という死があり、震災のもたらした人間の死への感情や、人が「生きる」ということを色々と考えさせられました。人が生き、死ぬということの意味って……。数だけの問題ではないと思います。6434人の人が震災でお亡くなりになったという事実を数ではなしに、想像してみるということ。

市民3　今、この劇で震災のことを表現しているという最中に被災をするということだってあるのです。ちなみに、この場にいらっしゃる方は○○人と聞いています。

（全員が起立をして礼をしてふた手に分かれる）

# 第二章　演劇からの被災地への向き合い方

この4年生の子どもたちは、（今は18歳から19歳になっている）130名近くおり、子どもたちには全員に台詞を与えた。その他大勢という設定はない。誰もが主人公としての台詞を担っている。それだけ言葉の重みを捉えていた。

被災地に立った気持ちと被災地にタイムスリップし風景を想像させ、写真から当時のことは理解していた。ましてや調べ学習の積み上げがある分、表現が豊かであった。当時の空気感を想像させ、言葉の発信力をつけないと相手に伝わらない。被災地からの声として考えさせ、ブースごとに教員もついて指導を行った。言葉の抑揚感をどう表現するかは、逃げ惑う人々、死者の魂と生きている私たちの魂が彷徨《さまよ》っているということを考えることだ。

被災した人びとの生きた証と何をもって生きていたのか、鋭い問いを発することで、その表現を意識させた。

この子たちは意識を高くもつことができたと今でも感じている。

## 演劇表現とは……!?

演劇表現とは……。

そもそも、被災地を支援すること、そのために被災地を人々に知ってもらうためのものだった。また、ただ単に知ってもらう以上に、表現するからには、この場で被災の追体験のための場を用意することで、保護者にも観劇してもらうこととした。50分ぐらいの演劇である。保護者は、この重いテーマを子どもたちがどう表現するか興味津々であった。かなりの人数の参加者であった。児童数約130名在籍している中で、同数の参加者となった。

先に述べたように、被災地にタイムスリップし、共に被災してもらうためにこの場を用意している。それは、何も現地だけが被災しているのではなく、体育館に来ている観客全員が被災していくという空気感を演出、表現する。津波により、人々が流される、家財道具が流される、放射能汚染による人々の民族大移動、甚大な被害の実態。

これらのことと、当時の被災した子どもたちの作文を読み、現実の重みを会場全体で被災地と向き合う場を作ることができた。

瓦礫の下にはいのちが埋まっている。その魂はどこに行っているのか!?

彷徨《さまよ》う魂の存在について考えさせた。こんな形で死ぬということの無念さ。何故、津波に流されなくてはならなかったのかの死者の魂の叫び。これだけ深い学びを身体表現を通して、自分から発信する言葉の重みに気づく。決して軽くない台詞ばかりである。

ナレーターが何回となく登場する場面では、群読の言葉の発信となった。

人物の役割とナレーターとの言葉の交錯が、学校の演劇の中ではさほど表現されない。劇表現者とナレーターが注釈を加えていき、テーマをより解釈しやすくするための方法を採用した。

## 被災地と非被災地との関係の創造とは

被災地は非日常と考えれば、東京は日常のままである。ましてや原発からでる放射性物質で人々が故郷を追われるということは、今までに考えたこともないことである。そのことも非日常であり、東京はその原発からの電気を送電してもらうことで、美味しい生活をしてきた。

様々な背景や考えなくてはならない人としての存在の仕り方までの劇表現を被災地と非被災地が交錯することで、さらに問題意識を掘り下げていくことになる。

演劇表現は問題意識を通して、人々に発信する力をもつ。言葉にすべからく意味をもたすということ、それは非被災地が被災地のことを気に留め、形にしていく手立てとして演劇表現があるということである。

今後、益々、子どもたちは震災を知らない世代となる。戦争の風化をさせにないためにと同じように震災のことを学び、忘れないということに心掛け、それを演劇という手法で身体と、こころの問題を重ねていくことに意味がある。

## 総じて、演劇とは何か……!? ～非日常の体験から日常の生活に根を下ろす～

戦争の風景と震災の風景、双方の惨状は問題意識の発露である。聴衆をその場にタイムスリップさせ、臨場感、言葉の抑揚をつけ表現を通して学び、表現を通して自分が気づく、考えさせられる。そのことで日々の日常においても、人への眼差しを生活に下していく。こころには人はある物差しをもって関わっており、その物差しの原寸大の等感覚でものごとを捉えていく。そのような視点を捉えることが学習である。

それは、演劇表現からの学びと創造力、想像力、思考力を育んでいくこととつながっている。身体表現はこころの内側を表現したり、そのテーマがもっている世界観から見えてくるもの、見えてきたことを形にしていく、今ある自分の表現の獲得である。

ここに、「思考、表現、判断」という教育のキーワードに関わらせていくことが如何に大切かということに関わってくる。

ここで、立川市立柏小学校のボランティア委員会の全校への問いかけの内容を紹介しておく。

## ボランティア委員会　6月21日（木）発表台本

1 私たちは、昨年の東日本大震災で被災した現地の人たちのことを思い1年経った今も、震災の傷あとは、震災当時のままということが地域に、違いがあっても大きな変化がなく、町の復興に時間がかかるということを思い知らされました。

2 人のいのちというものを私たちも、いっしょになって考えていくということが大切だと思いました。

3 被災地の人たちのこと、同じ小学生が震災に遭い津波にも遭い、家も流されていることを考えれば、普通の生活のあたりまえのような一つひとつの幸せがいかに大切だということが分かりました。

4 被災地の様子は、1年経った今も、元の町や元の故郷の風景には、戻っていません。被災地の人々のこころの痛みや、想いをどういう形で応えられるか考えました。

5 それは、被災地の人たちとの絆ということをどういうことで形にできるか、ということだと思います。昨年の募金活動で、低学年の人が、募金といっしょに「元気をだしてファイト」というメッセージを募金箱にいれてくれたことを思いだしました。

6 被災地に声を届けること、私たちにできることを、できるところから活動をして届けること、それが被災地の人たちへの答えの出し方、答え方だと気づき、ベルマーク活動を全校のみなさんに呼びかけさせていただきました。

7　1年経っても、震災当時のままという状況に正直驚いています。でも、がれきの多さ、行方不明の方々がまだ、3000人以上おられることを考えたときに、胸が締め付けられる思いになります。

8　がれきと言っても、がれきの下には、ご遺体や海の底にもご遺体があると聞いています。がれきと一言で表されることで、ちょっと考えさせられもします。思い出のものや、自分の大切なものがいっしょにあるということさえあります。

9　私たちは、今年度ベルマーク活動をとおして被災した現地の小学校に必要としているものを贈ろうという活動を全校で取り組み、現在は、○○点の点数になっています。

10　これは、○○が贈られる点数にまで、なっています（大きな画用紙に点数を書き、この点数で、この商品が贈られることをつけ加える）。

11　私たちは、ただ物を贈るではなく、被災した人たちの思いまでが分かるようにしなければ、本当の絆にはならないと思いました。

12　そのためには、私たちの思いも、岩手県岩泉町立小本小学校の人たちにつたえられたら良いと思いました。一言メッセージを各クラスでとりくんでもらうとありがたいです。できることをできるところからやれたら良いと思っています。できる範囲でご協力をしていただければと思います。しめきりは、今月の末ですのでよろしくお願いします。また、期日が近くなったら声かけをさせていただきます。

13 私たちは、自分を知り、相手を知る。人を想う気持ちを強くする生き方を大切にして生きたいと思うようになりました。

14 人が人にやさしくするというのは、あたりまえですが、何か震災が起こって以降、とても、人のやさしさがありがたく感じます。

15 私たちは、これからも人を想う気持ちを大切にしていきたいと思います。

16 それが、私たちの日々の生き方になればと思っています。

17 また、町の復興ももちろん大切ですが、一人ひとりの中には、まだ親戚や家族を失った悲しい気持ちをかみしめていたいという時間が大切であるということを教わり、自分に置きかえてみた時に、確かに悲しい気持ちをかみしめて、初めて次への力がでてくるかもしれないと思います。

18 人の死や友だちが亡くなった気持ちを考える時に、その友だちと過ごした思いでをこころに刻んで忘れないようにしておくことが大切だと思います。

19 私たちは、昨年の震災で様々な風評被害から、このことをいつか忘れてしまう風化被害だけには、したくないと思いました。

20 そして、かわいそうだから支援をするではなく、相手とつながる絆、共に生き合う共生ということが大切だと思うようになりました。

２１　１８年前の阪神・淡路大震災で歌われるようになった「幸せ運べるように」という歌が神戸から東北へと届けられていると聞いています。

２２　ひびきわたれ　ぼくたちの歌　みどりあふれるこの町に
……　とどけたい私たちの歌　幸せ運べるように（歌）

２３　みどりあふれる町の復興を！（力強く）　全員立つ（全員）

２４　私たちは、ボランティアをするにあたって（全員）

２５　①人を助けてあげるではなく人のこころに温かさを分けたり、人と人とが共に生きあう中にボランティアの意味があることをもっと知って生きたいと思います。

２６　②人を助けてやるでもなく、人を助けてやろうでもなく支援が必要な人に自分のいのちをどう使うか、自分のいのちを人のいのちのために使うことがボランティアだと思います。

２７　③人が生きる　人として生きる　人にしかできない生き方それがボランティアだと思います。（全員）

２８　④これからもボランティアのことをより深く考えたり学んだり活動をしたりしたいと思います。

これで、ボランティア委員会の発表を終わります。

２９　ありがとうございました。

３０　ありがとうございました。（全員）礼

発表の仕方

○３人が立つ（基本的に３人がいつも立っている）

○１人が終わると次の人が立つ

# 第三章　震災と戦争の問題がアクティブラーニングの視点に

## ～荒涼とした風景と焦土と化した風景の近さ～

「生きる　いのちのメッセージ――演劇表現を通して」では、日常での学級会の様子から自分たちが考える支援の在り方を、学級会の風景を幕として入れ込んだ。そして自分たちも、このことを深く考えなくてはならないことをこの場面から捉えることで、被災地への眼差し、被災した人々への想いへとつながるようにと考えた。

しかし、相手への思いやりではあるものの、それを超えて利害関係が対立するという構図が現れてくる。

福島の原発の爆発事故が放射線物質を飛散させ、人々は故郷を追われ県外、県内へと民族大移動を余儀なくさせられた。東京にいる都会の消費者は、これまで福島からの恩恵を得ていた。電気である。しかし、この電気は、原発からの電気の送電である。原発の功罪とはこのことである。問題意識として、原発問題は、学校ではかつて、日本電事連からのポスターを平気で掲示していた。何が問題なのかはわかっていなかったのである。現在は「原発」のもつ意味、なぜ原発が人々を追いやるのか……!?

原発のもたらした惨状は、県内、県外へと人々を大移動させなければ生きることができないという放射性物質の怖さを明らかにした。そのことからして、原発に対する懐疑的な想いを被災地がしているということと、消費者としての美味しい生活をしている東京もまた、被災地のことを考えていく大きなテーマとなった。

アクティブラーニングとして、これは、当時のことを思えば被災地支援を意識し形にしていった結果として震災と戦争の風景を捉えることの学習を行うことで、さらに被災地と戦争を重ねていく。人が戦争を起こす。原発を作り出したことで人が放射性物質に侵されてしまう。その両方の悲惨さはともに人が起こしたものである。

## 震災から捉える風景は戦争の風景と同じ

震災と戦争の関係を考えさせていくうえで、「戦争と平和」のテーマで話し合いをし戦争と震災の悲惨さが同じ風景に見える目ということを考えさせてきた。

これは、立川市内の異動した先でも「戦争の風景と被災地の風景」「戦争と平和」をテーマにして演劇表現に反映させ、話し合った内容の言葉を取り入れつつ台詞にしてきた。

また、羽村市立武蔵野小学校では、4年生（私が担任）と6年生が学年を超えて、交流授業を行った。子どもたち自身の調べたことを4年生が6年生に伝えた。このときは、ポスターセッションで行った。5分ごとにシャッフルし各テーマごとに発表を聞き、良かったところと課題などのアドバイスを6年生からもらった。

6年生に伝える以前に自分たちで話し合ったクラス討論では、何故、戦争が起こるのか、戦争のイメージ、戦争とは何か等、自分が考える意見を付箋に書き画用紙に貼っていった。それを、さらに自分たちが考える平和とは何かにつなげていった。

クラスでは、画期的な意見交換が行われた。このクラス討論は一回だけではない。何しろ6年生に伝えるという緊張感をもっていた分、2回のクラス討論となった。

それらの意見をまとめ、4年生が考えた戦争と平和の考えを6年生に伝えていった。

アクティブラーニングの形をとり学びをさらに手応えを感じるべく6年生にお願いし6年生から「戦争と平和」という問題を4年生に伝えてもらった。今度は6年生が4年生に伝える番である。6年生も4年生に伝えるということで、どうしたら良いか試行錯誤し発表の場に臨んだようである。4年生、6年生とも学びということを真剣になって捉えた分、発表も生きた生の自分たちの表現ということを大切にできた。

共に事柄を共有できたことで、「伝える」「伝わる」ということが実体験として生かすことができた。

また、4年生からも6年生の発表を聞いて、自分たちの発表をさらに高めていく刺激をもらうことができた。

## アクティブラーニング（主体的、対話的で深い学び）が演劇表現に厚みをもたらす

アクティブラーニングとは、自分たちで課題を見つけ、課題から見えてきたものを捉えていく。現代社会に引きつけた平和の在り方を問うということはどういうかたちになるだろうか。

戦争を知らない子どもたちと、平和を知らない子どもたちという2つの事柄を考えた際、戦争を知らないということは、平和で過ごしてきたことでもある。一方、戦争しか知らない子どもたちは、平和の意味を知らない。このねじれた関係は、実際にその場の生きている現実からものを捉える。あたりまえではあるが、知っておかなくてはならないこととして、「戦争と平和」のリアルである。

戦争のリアルと平和のリアルをどういう像で捉えるかである。

このことをクラスで討論し、自分たちが考える平和とは何か、戦争とは何か、また、どうして戦争が起こるのか……⁉の話し合いをした。

戦争のリアルは意見がよく出される。しかし、平和って何が平和なのか、もちろん戦争をしていないことが平和であるという意見がでてきた。

まだ、遠くの出来事として、歴史のヒトコマとして過去の出来事として、そこに自分の立ち位置

は相対的な位置に立っている。昔にこんなことがあった。昔にあんなことがあった。出来事として処理し、事柄の本質が見えてこない。

「教え」と「学び」の関係を考えたとき、「教え」は教師主導型、「学び」は子ども主導型で自らが課題を見つけ主体的に関わり学びを掘り下げていく。この「自らが」ということが大きな今日的がアクティブラーニングの視点となるところであり、実践となるところである。

「自らが」は「問い」をもつことで実践者として創造的な学びをしていくことにつながるものである。

# 第四章　いのちのメッセージ～震災劇を行う前の道徳の授業～

羽村市立武蔵野小学校の場合＆立川市立第三小学校

演劇を作っていくうえでの学びの紹介　いのちのメッセージ

## 演劇を表現するうえでの授業

いのちのメッセージ～ひさい地から見えてくるもの～

## 4年生　道徳授業　ゆたか先生

## 2018年度（平成31年度）の震災劇を行う前に

1、○知っておくべきこと

様々な出来事　地震　津波　原発事故　風評ひがい　風化ひがい

そして、

出来事としてではなく、こんなことがあった、あんなことがあったではなく、今まだ続いているひさい地の人々の現実を忘れないこと。

○私たちが考えなくてはならないこと

私たちは4年経っていくと記憶から遠ざかる、過去ではなく過去がまだ続いている今として考えていく。

○ひさい地の「生きる」と私たちの「生きる」が重なる。そこに生まれる「いのち」のメッセージを表現する

今回の学芸会（学習発表会）のテーマ

いのちのメッセージ～ひさい地から見えてくるもの～

今回は①阪神・淡路大しんさい23年　②東日本大しんさい8年目

戦後の大きな地しんと人々の関わり

①阪神・淡路大しんさい　都会の地しん　余しんはあまり続くことはなかった
ボランティアが年間100万人　ボランティア元年

②東日本大しんさい　東北3県のとてつもない大きな地しん　未だ余しんがある
被害は甚大なもの

③地方の地しんを身近に考えていきながら自分ごとにしていく。
他人事から自分事にしていく
ひさい地の今を考えないわが町の防災は……⁉
対岸の火事（ひとごと）ではなく、人々がどう生き抜いてきたのかを震災当時の人々が必死に生き抜き人々の生きざまを表現できたこと（人としての生き方）
自助　共助　公助　扶助→困ったときは人々が助け合うことの精神
東北　津波てんでんこ　全国から世界から支援
神戸　近所同士　消化リレー　ボランティア

## 2、2つに共通する出来事

日本人の精神　○家がなくなり人々が体育館（ひなん所）にひなん（ひさい地）　○助け合い（同じ体験をした者どうしが助け合う関係）

貧しさの中の豊かさ

家や会社　家族のいのち　友だちのいのち　何もかも無くなった
亡くなった人から大切なもの　自分を確かめられるものすべてが無くなった。
助け合う精神　寄りそうことができる関係

豊かさの中の心の貧しさ

何も起こらなくて平和なとき（平和は大切ではあるが）
人々は自分のことが中心になる　相手のことが見えない
日ごろはおいしい生活をしてとても快適

地しんの後の生活

ひなん所 → 仮設住宅 → 復興住宅

| ひなん所 | 仮設住宅 | 復興住宅 |
|---|---|---|
| 身をすりよせて | 住んでいる地いきから | 新たな人との関係 |
| 生活は我慢 | 遠い場所（2年間） | （コミュニティ） |
| 1か月～2か月 | 人々との交流にちがい | 家賃の支払い |
| 人々との交流 | 自治会ができる所 | 自殺者 |
| | 自治会ができない所 | 東日本大しんさい |
| | 自殺（神戸200人以上）← | |
| | | 復興住宅が遅れている |
| ボランティア | ボランティア | ボランティア |

## 3、人々の移動

**阪神・淡路大しんさい**

全国へと点在
神戸は震災当時の人々が半分ぐらい
震災を知らない人々が居住

**東日本大しんさい**

福島　岩手の人々が多い
特に福島の人々は未だ１２万人の人々が移動
震災当時県内移動　１０万人
県外移動　５万人

## 4、ボランティアとは・・・・・・⁉

**○自発性・自立性**

自分の考えで

**○無償性《むしょうせい》・無給性《むきゅうぜい》**

こころの報酬がある

**○社会性・連帯性**

支えあい学びあう

**○先駆性《せんくせい》**

より良い社会を目指す

ボランティアを考えるうえで（問題）

車いすの少女　　白いつえの少女　　東京オリンピックの帆船競技
してやろう　してあげる　いっしょに○○　させてもらいます

5、

震災劇をするにあたって

○想像を創造に変えていく　　相手意識と私たち
五つの被害は東京にも影響をうけている
他人事ではない　チェルノブイリの原発事故　1986／4・26　世界規模の事故
福島も世界規模の事故
○福島の人々への差別　東北の人々に対する差別
・福島ナンバーの車両　放射能が移る　・京都五大の送り火の杉の木
・沖縄の子どもたちに雪のプレゼント
・福島の人々が事故後の引っ越しで全国に居場所を求める
その際に、「放射能が移る」
・今まで、東北の作った米　お酒　特産物などを良いものとして食べていた
今は漁協の再開にはなったとしても不漁となりまた人々は敬遠
・東京に電力を送るために

6、

私たちがもつための視点（考えなくてはならないこと）

○台風一過　○アフリカの子どもたち　北朝鮮の子どもたち

○東京に地震きたらもっと大変だった　東京でなくてよかった

○ひさいしたこととして広島　長崎　福島の経験は忘れてはならない

原爆　　被爆（広島　長崎被爆　原爆からのもの）

原発事故　被曝（放射線にさらされる被曝）

被爆も被曝も双方放射線・熱線で共通している

○人の死者の数は数が問題ではない

人の死は地球よりも重い　数で比較するものではない

○ガレキというもの　ガレキの下にうまっているもの

ガレキは海岸近くに打ち上げられて山積　外国にまでいく

ガレキの中身

家財道具　大切な宝物　ランドセル　アルバム

※ガレキの下にはいのちがうまっている

○ガレキは津波で地震でガレキとなす

しかし、がれきの下の息づかいを想像してみよう

東日本大しんさい　死者　約2万人　行方不明　現在　約2000名

（死者の方を約で表すこと自体はよくないが……）

津波　時速８００キロメートル

○悲しいできごと　悲惨な風景　言葉にした途端《とたん》に言葉が安ぽっくなる

むごい　地獄絵　この世で見たことのない風景

海岸でガレキの前の海で泣き叫ぶ少女

トランペットをもち「お母さん～、お母さん～」

人のこころの痛みを自分の痛みに

○死者の魂を考えていく、亡くなった人々の魂を尊重

ひさいした人々の生き死にはほんのちょっとのちがいや悔やまれることがたくさんあった。エピソードではなしに。死者の人々の魂があり私たちの生の魂が活かされている。

7、この8年間の状況

○ガレキはなくなった――→村そのものが原野にもどっていく姿がある

言葉を失っていく風景は残ったまま

○津波に襲われたことも忘れていく（ひさい地はしっかり覚えている）

体験、記憶、歴史まで押し流されひさい地が見えなくなっている

○津波や原発事故によって水田風景（田園風景）が消えかけている

人と自然が調和（織りなす）したのどかな、田園風景が押し流されてしまった
○家々が流され、平坦な場所　木々が流され何もかもがなくなった
○職場がなくなった　自殺　コミュニティがなくなった
○学校の子どもたちが津波で学校ごと流された（宮城県大川小学校）
○人々の人口減により限界集落になろうとしている
○一方で福島へもどっていくことを計画
人々は動揺（困り果ててどうしようか悩む）
○良いこととして
・300キロメートルの緑のプロジェクトを立ち上げ　景観をとりもどす動き
・若い人々が民俗芸能をもって村の再生　祭り
・復興に向けて各地いきでイベントや祭りで人の復興をしている

8、ひさしい地へのまなざし

私たちができること、すべきこと
○いのちの問題としてとらえ、いのちの時間を私たちの生活の中に生き方としてすべきものを見つけ出していく
例、この地しんのことで調べてみようとか　授業に対する向き合い方

人が困っていたら手を差し伸べること　ボランティアとしての精神を日ごろから発揮できる自分をつくる
日々の生き方やいのちの使い方人を想う気持ちを形にする
これらは身近なところで可能
○ひさい地を忘れないこととして自学で学習したりひさい地の人々の生活に思いを寄せていくことが共生につながる
例、励ましや交流
同じ時間を過ごしている今、相手は何を考え何をしているんだろう
「かわいそう」「がんばって」という言葉を超えた意識と形を長い時間で今後も考えていく
風化させないために語り部はいない中で、自分たちで劇や歌、詩、言葉にして後生に伝えていく
（戦争の体験者がいなくなる中で戦争のことを伝えるとは……と同じ）
○大人になったら東北に旅にいく
ひさい地を訪ねる　世界遺産の中尊寺金色堂などにいく
文学の旅　宮澤賢治　石川啄木　太宰　治の地を訪ねる
地図にない旅をしてみる　ひさいした人と話してみる

津波てんでんこ　の言い伝えを聞いてみる
○東北の伝統の文化・行事にも触れてみる
○ボランティアを体験してみる
そこで関わったこと周りに伝える

## 9、防災について

①学校での防災
訓練のための訓練ではなく日ごろから気をつけて用意しておくもの
ハンカチ
おかしも（もち）やいかのおすしを頭に入れる

②火災
カーテンは開け　窓は閉める

③地しん
カーテンは閉め窓は開ける

学校によってはいつでも抜き打ち訓練があるところもある。
（訓練のための訓練ではなく意識と行動が試される）
○教室以外での地しんの対応

## 頭を守る

机がなければランドセル　上着　体育着
何もなければ手の甲を外側にして頭を押さえる
頭を抱えて大きなケガを防ぐ（減災）
難を避ける（避難）

○日ごろからの防災
家や学校　身の回りからとらえた自分を守るもの

## 手ぬぐい

ケガの三角巾　相手に知らせる旗　体を拭いたり包んだりするもの
フィルターにもなる　かわきやすい　使いかってがよい

○自分のいのちは３日間は自分で守ること
○日ごろからお家で心がけている防災とは……!?
お風呂の水はためておく　水は冷蔵庫で保存　非常食
○近所の人同士が助け合うために
日ごろから仲良くしておく「遠くの親せきより　近くの他人」
○ライフラインが止まっている際には自分の知恵を働かす
自分たちで考えて意見で出す。（無人島で生きることになったら）プリント
○自分の居場所を知らせる方法
伝言ダイヤルの活用　お家の人と日ごろから話し合っておく

中学年版の冊子を参照　防災の冊子を参照
地しんの仕組み
なぜ、地しんは起こるのか　火山と関係はあるのか
今、地球はどうなっているのだろう

10、いのちのメッセージ
〜ひさい地から見えてくるもの〜

※戦争の風景　地しんの風景　似ている
そこには「いのち」と言うキーワードがある
※風景があまりにも似ている　　尊いいのち　誰
もこんな形でいのちを失いたくない
○人々暮らし（日常）がなくなっていく
うばわれていく
・人々の関係をひきさく
・一つひとつの大切な思い出が失われる

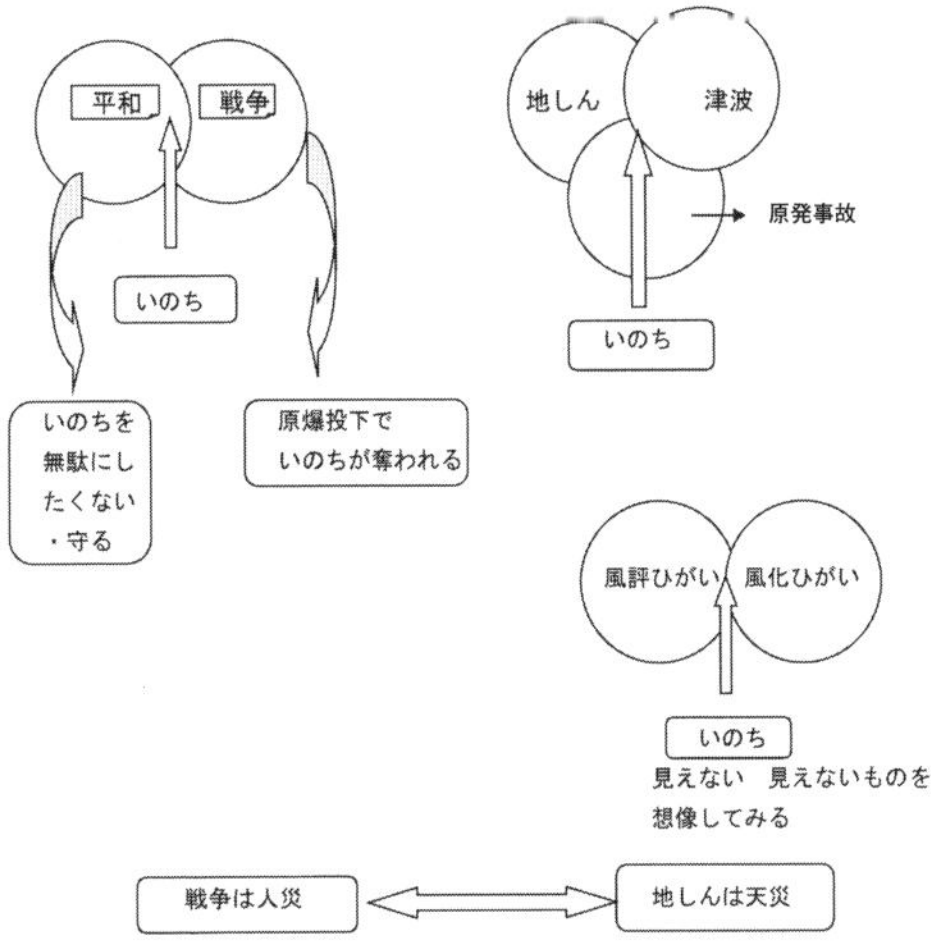

・生きる　死ぬという問題　ちょっとのことでどちらにもなり得る
（手をさしのべていた　しかし、途中で力つきて手をはなしてしまった）津波　戦争
○震災劇をとおして㈠
・人としての息づかいを知り　自分の生きるを日常で見つけていく
・日ごろの「生きる」を問い直し　自分の生き方を見つけていく

「いのち」を問い、私たちが「生きる」をどういう形で表現するかは劇を通して表現していく。
それが、今後の自分の「生きる」とは何かということを見つけてほしい

○震災劇をとおして㈡
①同じ空気を吸ってもらう　②ひさいしてもらう
③私たちの「いのち」という問題を共に考えてもらう

亡くなった人々（死者）は何を伝えたかったか……!?

「生」と「死」に分かれた無念さ　私たちの死を無駄にしないでくれという叫び

⇦ 生きているものが

・いのちを扱ううえで生きている人の魂　死者の魂の双方を伝える

・ひさい地の命と直接にはひさいしていないいのち　双方の魂を次世代に紡いでいく　（いのちの使い方として）　その当時、どう生きたか

・それが、亡くなった人々への死を無駄にしない生き方

# 第五章　震災劇を行うにあたって

## 道徳としての知っておくべきこと、問題意識を培う中で事前の学習を通して

台本の読み合わせ、オーディション、ブースに分かれての練習、台詞は与えられている言葉であっても、自分の言葉にしてはじめて意味と臨場感をだすものであるということ。

人が「生きる」ために「生きる意味」を考えていくこととは、相手との紡ぎ方とこころの扉を拓く。相手へのふるまい方を日ごろの関係にもつなげていく。被災地で起こったことを理解したならば、他人ごとではない。

自分ごとにしていくことができるかどうかを意識させ練習に入り、期日を決め、

①一週間は、全体の流れの理解、②台詞を覚える　③声出し練習を群読として、言葉の発信力を付ける

④どのような風景が見えるか、像を考える。自分がタイムスリップしていく。

⑤台詞に抑揚とナレーターの児童との掛け合いをして聴衆者を意識した場作り

⑥ブースごとに見合う場面　⑦全体としての突き合わせをする。⑧お互いのブースの良さと注文（課題を提起）　⑨通し練習　⑩さらに全体練習として課題を確認

⑪発表に至るまでの内容に練り上げていく

前記の流れを通して、児童は練習の度に顔と目の置き方が違って緊張感をもつようになってきた。ここから学ぶこととは何か。それは前記に記載した内容をふり返り、自分と被災地との関係を顧みることが問われていく。

劇の発表を通して、児童が変わっていくことは表現することの大切さ。言葉の意味、言い回しの大切さ、相手に伝える力となっているか等の日々の実践からの自己変革過程である。

非日常の過程が児童をして学びの本質を得ていくものとなったと言っていい。

これは、今までの他校での実践でも同じように変革過程を通して、自分がどう変わるか、学びの質を問うこととなる。

## 震災劇を創るにあたって

本番と練習の関係はもちろん、地続きではあるものの、本番は児童が役者の自分となり、もう一人の違う自分、また他者の目を通して考えたり、自分の表現の在り方を考えていく。練習を通して

自分がどう変わるか、その積み重ねが、学びの過程となっている。

練習方法

①台本読み　②話の筋を理解する　③何が伝わったかを話し合う

④どういう物語かの流れを幕ごとの様子を理解する

⑤生活劇としての緊張感を覚えていく　⑥他人事ではいられない気持ちにさせる　⑦幕ごとに、幕の中のブースごとの役の希望を第三希望まで書く　⑧オーディションを行う

⑨誰しもが主人公の台詞を担っているということを、人ひとりの台詞から捉える　⑩オーディションを通して、配役の決定をする　⑪幕ごとに、さらに幕の中のブースごとに分かれて練習をする

加えて、①基礎練習は声の出し方

あえいうえおあお　かけきくけこかこ　させしすせそさそ

たてちつてとたと　なねにぬねのなの　まめみむめもまも

ぎゃぎゅぎょ　なにゅにょ　しゃしゅしょ　ばゃぴゅぴょ

など台詞以前の練習から少し遊び気分で言葉の言い回しがスムースに行えるウォームアップをして

いる〔早口言葉の練習も行う〕

②間の取り方

③台詞は与えられた言葉から自分の言葉にしていくことが問われていく。言葉に感情をのせて場にふさわしい抑揚感をつけ、臨場感を言葉からさとっていくように表現していく。各ブースの中から一人ひとりが自分の台詞を聞いてもらい感想を言ってもらう。もちろん教師は全体で具体的な言葉表現を指導するにしても自分たちが劇を作り出していくというアクティブラーニングの視点に立った形をとっていく

④身体表現を台詞と併せて行う。身体表現はいくつかの場面ごとに必要になってくる。各ブースごとにどのような身体表現がふさわしいかも自分たちで考えさせるようにした。

⑤会場にいる観客にもあたかも被災するような生の現実感を地震当日から捉えてタイムスリップしてもらう。

⑥演劇は時空を超えた今の自分たちが編み出す表現であるため、実際に表現する空間と時間を縦軸、横軸を十分に使いながら舞台のうえのギャラリー、ステージ、ひな段、フロア、観客の後ろなど四方八方からの登場の仕方を行う。子どもたちもこの時空の表現に如何に臨場感があるかが体験してはじめて分かっていく。

⑦最後には会場で突撃インタビューをして子どもたちから問いかけていく。

観るだけではなく、保護者の方もまた、被災してもらった分、子どもたちのがんばりに言葉かけをしてもらう（わたしの場合、学校公開の場合、授業参観では保護者の方に質問をするときもある）。

突撃インタビューの場合、昨今の保護者の方はインタビューを避け突然に体育館または教室から逃げてしまう。そこで、誰が答えてもらうことができるかPTAの役員の人にあてていく。

## 1　被災地を知るところから関わる

被災地を知るということは、タブレット、書籍を通して調べていくところから始めていく。被災地の人々の生活の環境は、自分たちと比べてどうか。震災当時の写真から想像したり、考えたり、同じ日本で起こったことを映像から捉えるのはイメージとして捉えやすい。そして、人々が避難している状況の当時と今を考えていく。

調べたことをノートにまとめ、考えたことを各グループごとに伝え合うということで発見につながった。過去のできごとではなく今も変わりなく被災地は被災地として復興している最中にあり震災はまだ終わっていないこと。だから、忘れないでいるために自分たちが調べて分かったのが良かったという、知ることの大切さから、調べていく過程で自分が捉えたキーワードを各グループに出させ発表していく作業に入っていった。

例えば、「かわいそう」「日本がんばれ」「大変」「津波」「原発事故の放射能被害」「人々の住まいが奪われる」「ふるさとが奪われた」「帰りたいけど帰れない」「民族大移動」「地震はいのちを奪う」「家族との生活が引き裂かれる」「戦争の風景と同じ」「東京の地震は」など。

これらのいくつかの言葉から言葉を紡いでいくということの作業につなげていくものとなる。

## 2 被災地支援としての演劇づくり

①の調べ学習から捉えたキーワードから何が見えてきたかを意識として捉えた場合、「かわいそう」ということ「がんばって」ということの言葉がやはりでてくる。「かわいそう」「がんばって」ということの意味を学級会（特別活動）として話し合いを行う。

これらの二つのキーワードと自分たちがどう被災地と関わっているか、他人事が自分事かを考えてもらい、「かわいそう」は今の自分たちの生活の美味しい生活と被災地とどう関係するのか⁉原発からでる放射性物質のことは調べているため電気を送ってもらうことの意味と、原発は副産物として放射性物質が放出されてしまうということは理解している。しかし、放射性物質が身体に与える本当の意味は、見えない存在である分、地元福島で起こったことの問題として考えてしまう。だから、「かわいそう」「がんばって」という言葉の集約にされてしまうのも歪めない事実である。

そこで、もし自分たちの住んでいる東京で原発事故が起こったらどう？という問いをもたせた。東京であったらもっと大変になるという声、意見がたくさん出されていく。福島なら良いの？　という問いをもつことと東京で起こってしまう原発事故の問題は同じものであるという意識になっていく。また、北朝鮮の子、貧しい国（第三世界の国）で生まれたとすれば、さらに戦争の時代に生まれとすれば、そんな問いをさらに加えていく。

これらについては、子どもたちは日本で生まれてよかった。今の時代に生まれてよかった、という意見がでてくる。話し合いを進めていくと変化が起こり今の自分たちが生きているというのは先人の人々が居ていまの自分たちが在るということをありがたいという意見変化を起こしていく。

北朝鮮の子や、昔の戦争の時代に生まれたとして、その当時の人々の生きた姿を想像していけば切り離して考えられないという意識の変化と変容の姿が見てとれるのである。内なる差別＝無意識の差別に気づくことが如何に大切かの問題である。

演劇を創り上げるというのは、このような意識の変革過程の積み重ねがあって、表現として生かしていく過程である。こころの作業が形となって、内なる差別を克服していく作業が話し合い＝学級活動から生まれていくのである。

②道徳としての考え方は人として培う心情を培うためにある。（道徳そのものの評価はここでは多くは論じないものの、個人的には道徳が特別の教科になっていったという経緯には懐疑的であるということを付記

しておきたい）

人が生きていく気づきとして生活に反映させていく力になるものが特別活動の意味である。言わば単に生きるから生き方への問いを見つけ出していくことがそこにはある。

ここは、大きな試金石である。自分たちが演劇をやる意味を考え、相手のことをどう考えていくかの意識の変容を演劇づくりとして創り上げていくか。そのための意識、想像力、他者との共生、生かし生かされる関係の創造などが、演劇表現の根底に存在する。

そして、被災地とどう紡いでいけるか、被災地に向けてどういう関係とどういうメッセージを発信していくのかを考えていく。これが演劇作りの根源的なものとして台詞を発することになる。言葉の力の源泉が生まれるのである。

## 3　支援の在り方、支援の質から演劇を通して考える

様々な支援が考えられるが、支援そのものは演劇表現を通して知ったこと、考えたこと、相手を意識したこと、調べる以前と調べてからの自分が如何に違うかを考え、それを形にしていく自体が支援のひとつの在り方である。もの的支援だけではなく被災地の置かれた人々の内面にあるもの、また自分たちの知り得た今の自分たちの意識の置かれ方の変化など、被災地を意識してメッセージ

をするということで支援の様々な在り方につながっていく。

## 4　非被災地で何ができるか⁉

3の問題と同義であるが、加えて、被災地のことを忘れないために自分の身体表現を通して、自分の身体にどう染み込ませていくのか。自分自身は、自分たちの生活そのものが恵まれてもいるが、人が人らしく普通に生きることはどういうことか、相手との関係が見えてきたり考えたりしていくことで、いつか東北の旅にいき被災地に立って考えてみる。

非被災地にいる自分に問いをもち続けることで何ができるかは今後の演劇を通して考えてもらっている。

## 5　2018年、2019年は日本列島が災害列島化　〜そこから見えてきたものとは〜

災害列島を通して、災害の物語として演劇を捉えさせていくことで、過去の出来事ではなく今の自分たちの生活圏で起こっていることがあり身近な存在として、他人事にはならないという意識として考えてみる。地震、津波、豪雨、竜巻、川の氾濫、家屋が多摩川に流される。このことが演劇に自分たちもまた被災地に置かれているということの意識をもつようになってきた。

奇妙な逆説感のあることではあるものの、やはり人は身近なところで眼に見えたところでしか問題の所在を捉えられないという実感をもつのも事実である。

日常の中から被災者支援をしようという意識が芽生えていくのも災害列島化していっている現在の状況から捉えている。はじめて他人事ではなく、自分の町で周辺で生活圏で起こっている様から災害そのものを身近に捉えて演劇とつながっていったように思われる。体験が当事者意識を生む証左でもある。

震災劇を通して一番変わったのは、子どもたちの眼差しであった。それは、子どもたちの被災地への眼差しでもあった。頭のてっぺんから、つま先まで、すべてがいのちのメッセージという問題意識にしてきた証左である。

いのちの物語、いのちのメッセージは、震災そのものの問題を様々な角度から捉え、知ったものだけにしか表現できないほどの出来映えに変化していく。それは、子どもたちが向き合う態度というものを現したということであった。現すというのは、表現として現すため過程があって現れてくる。そのためには知っていく、被災地や震災全体から見えてきたものが何かということを問題意識としてもつようになってきたからである。

何も分からないで、ただ単に、台本を渡して「これをやるよ」では震災劇の意味と重み、被災地支援の在り方としての表現には至らない。

故に、手順を経ながら震災劇を学習する過程を大切にしていくなかで、相手と自分、被災地と非被災地、知識だけでなく被災地への眼差しは大きく変化していく。この過程に意味があり表現していくために欠かせない。

与えられた言葉は、生きた緊張感を現していく。表現するというのは、創り上げていく中からさらに学んでよりリアルな生活劇として、それは既定の台本をこなしていくものとは位相を異にしていく。人の存在、人と人、人が暮らしていくうえで大切なこととは何か、自分たちの社会や同じ日本で被災地が未だに被災地のままであるということをどう考えるか!?

地方都市の震災は遠くにあって見えないものから見えてくるものに変わったとき、災害列島化してきたことがより被災地というものを身近に捉えようとするこころの変化につながってきた。

それは、防災の問題を問いながら自分たちの街、町を守るためにどういう備えが必要かの問いをもつようになってきた。

## 6　言葉の力が非日常の言葉を編み出していく

東日本大しん災の当日を緊張感をもって表現する場面では、

「お〜い、津波がくるぞ〜」「急げ」

などの言葉には、逃げていく際のいのちの確保と、家々、街がなくなっていく風景のなかで台詞を発するということである。これまでの風景はすでに変わり、人の営みであった家々、団らんはない風景のなかで、それを非日常の言葉として表現する場面である。（「稲村の火から東日本大震災まで」）普通の生活の場面では危機感、いのちの危機を感じることはない。しかし、その場面を自然体で表現する。語気が段々と大きくなっていく。話の筋が見えてきたら自然に語気が強く、その場面をイメージする。市役所の屋上から見た風景は非日常である。悲しみ、叫び、悔しさ、今が何でこんな風景なのかという鋭い緊張感があり、いのちからがら逃げていく。逃げた先には地獄絵がまっていた。今まで見たものが、すべてなくなっていく風景を台詞で身体で表現する。

## 7　東日本大震災に対してボランティア支援というのを校内で立ち上げる

「阪神・淡路大震災」での台詞では、学級会の場面がある。学級活動の場面は話し合いから支援をするうえで、どういう支援が必要か、人の置かれていることを考え、自分たちにできることを話し合う。

人としての存在、人として考え行動することは、本音で生きる姿そのものを表現する場面であり、それは、動作、言葉の力を極めていく台詞の連続線と捉えている。

何気ない台詞も、実は次につなげる台詞として言葉から言葉を紡いでいく台詞であることを子どもたちは理解している。支援の在り方に問いをもつことの場面は日ごろの友だちとの関係、相手の意識を入れ込んで日常に置き換えても考えていく場面としてあることを指導してきた。故に、震災を通して阪神・淡路大震災から学んだのはボランティア精神であったことを理解している。ここでは日常と非日常が被災地を通して新たに関係を紡いでいくことを伝え合うことで考えさせられる場面である。これは、子どもたちが日ごろの生き方に引きつけていくうえでの場面になる。道徳から学んだことを台詞に反映させ問いを与えている。

道徳の価値項目は、「人への思いやり」がそれにあたるが、私は思いやりを超えた連帯と考える。ソリダリティはどこから生まれるだろうか？　日ごろ、人は時としてぶつかり、葛藤もし、相手とわかり合える、生きる意味を考えていく。すぐれて人が人らしくあるためには、愛する家族、愛する子ども、これらは愛し方の質を問うことにある。それは、ラブ&ピースではなく、自分のいのちを相手のために使っていくとは何かを考えれば「連帯」「ソリダリティ」である。

学年が低いときは、自分のために生きることが多い。自分、自分である。

しかし、学年があがっていくと相手のために「生きる」という関係性を考えていく指導をしていく。人の見方、関わり方を意識させ、そこにいのちを入れ込んで「いのち」という存在を「いのち」の使い方として考えさせ、自分の「いのち」をどんな形で使うかを考えて自分たちで考えてきたこと、話し合ってきたことを台詞にしたものである。

学級会活動の話し合いには、異質な意見、風変わりの意見などがでる中で、真の連帯の在り方を考えていくことが肝要である。言葉のかけらが言葉たちにつながることで「連帯」とは何かを模索していく。調べ学習でボランティアという意味と役割、またボランティア精神とは何かを社会に問うていたので身近な問題意識だった。実際のクラス討論でもボランティアとは何かということを発表してきたことから、自分たちにできることを、できるところから関わっていくことを学んでいる。

故に、学級会の場面の台詞の場面では「生きるとは」、意味合いとして「いのちの時間」「いのちの使い方」などのキーワードが並んでいく。

ここに物語の究極性とドラマがある場面である。子どもたち自身が学んでいったことを形にしてメッセージ性のある場面として表現していく。

正に、向き合う姿がそこにある。物語の筋と形ある連帯の意味を掘り下げていく場面から子どもたちは学ぶことが大きかったところである。

支援は、形にしたものを歴史的に残すこと、このことを意識したのは私の意図でもある。校内支援の空気がそれを後押ししてくれた。各クラスごとに連帯と思いやりの言葉を1年生から6年生までの各クラスでメッセージを書いてくれた。

これらは、すべからく「いのちのメッセージ」である。そのメッセージを郵送した後、被災地に足を運んだ。私のフィールドとして震災を問い、そこから見えてくるものは伝えるメッセンジャーになり、被災地の学校とのコンタクトをとり、さらなる関係性を結んでいく。

相手が今、どういう状況にあり当時はどう生きたのか、生き抜いたのかを確認していくために生の声を聞き、歩き、伝えていくのをフィールドにしていく。そして、今何を必要としているかを確認していく。子どもたちの調べ学習から捉えた問題意識と、私が考えた台詞との融合性を考えていく作業から、連帯の場面を、学級会活動の話し合いから捉えていくのは自然の流れであった。

## 8 被災地の子どもたちの実情が見えない

これは、インタビューして分かったことであるが、一例を紹介し、被災地の子どもたちのことを考えていく。その意味で、同じ子どもとして置かれた環境の違いを意識してもらった。

福島では、甲状腺がんとその疑いが100人以上の数になっていること。東京でも鼻血がでる子がいたということ。多摩地区にいる子で何人かの子が鼻血がでるようになっていた。

福島の子は甲状腺ひばくの後遺症で今も苦しんでいる。この子どもの様子は何ら報道されない。今日においても同じである。

東京の昭島市と岩手県岩泉町は姉妹都市である。私が岩手県岩泉町立小本小学校に出向いた際に、校長先生にインタビューした。

その時は、小学校、中学校の子どもたちは高台の仮の住まいの学校にスクールバスで通っていた。家は、10世帯に満たない畑の一角に立つ仮設住宅だった。全員が歩いて通うという環境ではない。それぞれが広範囲に自宅が点在していることで被災した当時はスクールバスで通っていた。今は学校が新たに建設され仮設校舎ではない。

3・11には水門を超えて津波が内陸まで迫っていた。水門を乗り越える大きな波しぶきの様子が印象的であったと言う。

高台に至る途中には碑がある。この下には家を建てるなという代々の言い伝えだと言う。これは、明治の三陸津波の時である。「津波てんでんこ」の言い伝えとして碑があると同時に高台途中の崖の途中に碑があるというのは歴史をリアルに伝えるものであった。このことを子どもたちに伝えた。

東北の三陸津波が70年に一度起こっている。しかも釜石の港には（この岩手県の太平洋側一帯）防潮堤が何キロにもわたって設けられている。しかし、この岩伝いの防潮堤も軒並み寸断されていた。震災後は、高台移転を行い、村そのものの移動を行うという村もある。しかし、津波を経験した村人は移動する選択を多くはしていない。公共施設はさすがに移転していることが多い。

鵜住居地区の小学校は高台ではなくかさ上げし、海からかなり離れた地域に建設している。

また、釜石は新日鉄というリーディング産業が一時期の時代を謳歌していた。鉄の街である。この鉄の街、新日鉄釜石の工場跡は、他の産業が一部入所していた。阪神・淡路大震災でもケミカルシューズの地場産業や他の産業が同じビルに入居していた例があった。

3・11の際に新日鉄釜石の大きな煙突にしがみついていた人が居たということをタクシーの運転手の方から聞いた。驚く話である。

岩泉町の小本小学校の子は高台に逃げて校長先生は不幸中の幸いだったと言っていたのが印象的であった。

当時、子どもたちは堂々と慌てないで避難していた。それもそのはず、震災の一ヶ月前に避難訓練で高台避難を訓練していたのである。この三陸津波が人をのみ込むこと、村々の畑をのみ込んだということ。この状況は人が一生のうちに一度あるかないかの体験である。子どもたちのフラッシュバックに注意し気配りし先生たちは子どもたちに手を差し伸べているということ、分校ということもあり一人ひとりの様子がよく見えていることでこころのケアは気配りしている感じを受けたものである。

先生たちは全員が車通勤である。学校が高台〔当時〕にあるということもあり先生たちは村のあちこちに散在して通勤していた。岩泉線の単線の電車は頻繁には来ないのが実情である。岩泉駅もかさ上げされて駅のホームも高いところにある。

子どもたちは放課後、学校の校庭で遊ぶということはない。学校に行く足はスクールバスのみのため放課後は家に帰る。群れて遊ぶ東京の子どもたちとの様子とかなりの違いが見てとれる。そのため子どもたちは極めて個的な世界に置かれての生活が特徴的である。8年の歳月を経てその子どもたちは、村から町の学校に移動して高校生になっている。「子どもたち」という「たち」を細かく分けられた日常はプリズムによる分光のようにばらけての生活である。

震災を通して、悲しみを捨て移動していく人は当時は居なかった。それだけ、大変な状況が人々の生活を一変させたために移動して即生活の再建というようにはならなかったのである。

そして、岩手県岩泉町立小本小学校との関係を交流を通して考えたことは『共にという意味合いにおいて』つながりあえたこと、大変有意義な時間を子どもたちの被災地想いという形をとることができたこと。これが自分たちの今後の『生きる』につながり得るものとなっていてくれたら幸いである。

この8年間を経る中で意識と環境も大きく変わった。それは被災地の環境だけではなく非被災地も同様に日常に戻っている。あの震災で起こったことを歴史のリアルとして後生に伝え続けることだけは変わりなく続いている。また綴ること、それも変わりなく続いている。これが、いのちのメッセージでもある。

## 生きる
## ～自然の営みとしての、いのちの道のり　そして、いのちのメッセージ

群読

1（　）

2（　）

3（　）

4（　）

5（　）

6（　）

2011年3月11日　午後2時46分　マグニチュード9　震度7の東日本大しんさいは、とてつもない大きな地しんでした。

東京でも立っていて、危ないと感じる地しんだというのが分かりました。

被災した後に、有名になった岩手県陸前高田市の一本松は、芽の部分を育て苗木として、いのちをつなぎ、どっこい生きているという「松」があります。

復興の象徴《しょうちょう》として、いのちを紡いでいく。そんな、たくましい、大切な、いのちの松です。

生きている「松」の、いのちから勇気をもらい、そして、人が元気になれる。それだけで素晴らしいと思います。自然から与えられたメッセージは人が生きていくうえで、一人ひとりが生きる糧を感じるようになります。微笑ましいのと、ありがとうという気持ちと、幸せな気持ちになるのが分かります。

いのちのことと合わせて、いのちの使い方を考えるということが、いのちの意味かも知れません。

「生きる」。生きるは生き方のこと。「生きる」はいのちの見直し。「生きる」

7（　　）

8（　　）

9（　　）

10（　　）

11（ナレーター）

はいのちの使い方。「生きる」はいのちの時間。今の今を大切に向き合う。

この今は、次に活かすための今。

いのちの始まりから　いのちの旅へ　そして、いのちの終わりは新たないのちを宿す。

春は芽ぶきの春　夏は若葉が生い茂り活動の夏　成長する木々たち　秋は実りの秋という成熟した季節　収穫の秋という春から夏の営みを頂くいのちが　冬を乗りこえていく　冬はいのちが枯れても、次のいのちを宿す　いのちのバトンが行われる。

いのちを考えていくのは、死と生があるから、いのちをより身近に感じさせてくれる。

2011年3月11日の東日本大しんさいは、日本中が悲しみ、人のことを深く感じたり、人のことを強く意識する。きずなというものを考えさせられました。

私たちはたくさんの問題を知るために現地のことをどれだけ理解しているかという疑問から始めていきました。

東日本大震災は、東北三県を中心に、とてつもない大きな地しんとなり地域での被災は、みんなそれぞれに違いがありました。ひとつは、港が潰れ、ひとつは町そのものがなくなり、未だその影響や後遺症が続いています。各地でかかえる課題や困難さも大きく違いがでていました。

12（ナレーター）　陸前高田市では2011年3月11日午前2時46分、市役所全体が揺れている。これは、大変な地しんでした。隣《となり》のフロアや下の階では床が落ちて、外に逃げようがありません。

13（　）　非常階段を使って外に避難しよう。

14（　）　駐車場に避難しよう。

15（　）　みんな、各階の職員は、とにかく身の危険を感じて逃げてきました。

16（　）　2階は、どうだった？

17（　）　天井がなくなりコンクリートが押しつぶされ、一瞬の間で柱がつぶされてくるのが分かったので、もう逃げるしかないと思ったんです。

18（　）　市長、職員も全員が駐車場に避難できないでいます。

19（市長）　職員の呼びかけを緊急放送のマイクで呼びかけよう。

20（助役）　はい、私がやります。職員の皆さん！　緊急です。駐車場に避難してください。緊急、緊急のお願いです。すぐ、外の駐車場に避難してください。

20（助役）　市長、津波が襲ってきています。

19（市長）　そうなんだよ。津波は6メートルという数字が市庁舎に掲示されていたからどうだったんだろう!?　地しんの後の津波だから、大変な状態がさらに予想される。

21（　　）人が海岸を歩いています。

22（　　）津波のことをさほど危険と考えていないかもしれない。

23（職員）村役場は、公共施設への連絡もしなくてはならないが、市庁舎の緊急放送で村内放送をしましょう！

19（市長）さすがに、よく気がついてくれた。うちの職員はこういう非常時の時に良く判断をしてくれる。さすがだなと思う。ありがとう。（涙）

24（職員）村民の皆さん！　津波がきています。高台に避難してください。直ちに、高台に避難してください！

25（　　）市長！　まだ、あそこにお年寄りがいます。助けに行ってきます。

19（市長）君たち！　頼んだぞ～！

26（職員）地しん発生から津波がやってくるのが、かなり速くなっている。

27（　　）しかも、予想を上回る大きな津波になっている。

28（　　）みんな！　駐車場から屋上に避難しよう！

29（　　）津波が駐車場のところまできている。

30（　　）この高台にある市庁舎も危ない状態になってきた。早く、屋上に上がろう。

31（　）　階段のところまで津波がきている。危ない！　柱の音がメリメリと音がしている。

19（市長）　市庁舎のあの音はなんなんですか？

32（　）　はい、柱の音です。私たちが屋上にかけつけようとしている途中で確認しています。

33（　）　市長！　屋上にいるのは職員と近隣の住民の方々合わせて127人です。

34（　）　お～い！　津波が街全体に入ってきたぞ！　この市庁舎の4階まで津波がきている。

35（　）　街がみるみる呑みこまれています。

36（市民）　街がなくなっていくよ。

37（　）　これは、大変だ。こんなことが起こるなんて。

38（　）　家が流されていく。

39（　）　お～い。今度は部分的に津波がひいてきているぞ。家が海に流されていく。松の木々。電柱、ビル、家々、田んぼ、畑、何もかもなくなってしまう。

40（市民）　瓦礫《がれき》が海へ流されていくぞ。

41（職員）　人も海に流されていく。何人も、いや何十人もそうです。

４２（ナレーター）　地元消防団、職員、警察の方々、村の四分の一の人々が救出しようと必死になっていた矢先に津波に呑みこまれてしまいました。どこかの市長さんも職員に誘導されて逃げていく途中で津波に呑みこまれたという話がありました。

４３（ナレーター）　村内放送をして、避難を呼びかけていた女性の人も津波に呑みこまれてしまったそうです。そして、お年寄りを助けに行った職員も２度と屋上には戻ってはきませんでした。

### 自然から捉えた命と人が織りなす絆を考える
### ～２つの物語から見えてくるもの～
### ～人として生きる　学級での様子～

４４（　）　「昨今の３・１１の地しんは悲しみが大きすぎる分、言葉にした途端に軽々しく扱ってしまう」ということをゆたか先生がおっしゃっていた。

４５（　）　震災《しんさい》の中にあるたくさんの問題を私たちなりに考えて、どういうことが大切で何をどうしたら良いか考えてみたいな。

４６（　）　きっと、それは生きることの……そうだな!?　生き方になると思うよ。

47（　　）うん、そうだね。あれだけゆたか先生が語って地しんの学者のように語るのは、ぼくたちにすごい、メッセージを発信しているんだな。

48（　　）確かに。人へ伝えていく語り部にならなくちゃいけないということってこういうことなんだね。

49（　　）それに、戦争で亡くなった人々への思いや戦争が何で起こるのかという問題でいつも、語り部になっていた。

50（　　）それって、先生が亡くなった言い方じゃない……？

51（　　）そんなじゃないよ。

52（　　）しかも、それを今度はぼくたちが伝えることが大切だと思うことも要所、要所で先生は言っていたよ。

（先生が教室に入ってくる。）

53（先生）君たち大事な話をしているね。続けて、続けて。

54（　　）ハイ、ありがとうございます。

55（　　）地しんが起こった後の風景と戦争の風景はかなり似ている。

56（　　）同じ風景にも見えるよ。

57（　　）今は、人ごとで済んでいて福島・宮城・岩手などの東北の人たちのことを、どこまで分かっているかというと「かわいそう」「悲しい」「がんばっ

58（　）
59（　）
60（　）
61（　）
62（　）
63（　）
64（　）
65（　）

て」という言葉しか浮かばない。

TVのコマーシャルでも「がんばれ日本」ということが、毎日TVコマーシャルで流れていたよね。

でも、その一方では福島の車両がくると近づくな！　放射能がうつる、などの暴言や差別のような発言をする人々もいる。

今、福島では放射能の問題で避難したりして今まで生まれ育ったところから脱出しなくてはならなくなった。自分の故郷を出なくてはならないということは考えなくてはならないですね。

福島の原発事故は、地しん、津波から起こった事故だったよね。

そう、その後は、風評被害という形で全国的にも、いや世界的にもこの問題は広がっていったんだ！

また1年経ち2年経っていくと、この地しんのことを忘れてしまうこともあるよ。

それって、風評被害ではなく、う〜ん、そうだ！　風化被害ってことだよね。

ねぇ〜、みんな！　こんなにみんなが、一生懸命に活動しているのは総合的な学習の時間で調べたり、考えたり感じたりしてきたからだよ。

66（　）そうだね。そう言えば、そうだよね……。（口ぐちに）

67（　）先生にお願いをして学級会を開いて、もう一度、この話し合いをきっかけに、もっと自分たちで震災《しんさい》の中にある、たくさんの問題をさらに、深めていきたいよね。

68（　）そうだね。いのちのことを扱って人を強く意識していく中でいのちを考えていけるようにも思う。

69（　）自然の怖さもまた、自然から教えてもらっているし……。

70（　）逆に、自然の中に恵みもあったね。

71（　）自然のエネルギーが地しんから津波を起こさせた。これは、さらに人災という原発事故を作りだしたと言っても良いかもしれないネ。

72（　）先生、自分たちでできること。自分たちにできること。その前に原発事故の報道によって被災地の様子が見えにくくなっている。だから、震災の後の街の様子、被災地の現実から見えてくること。これらが、復興の道筋をつけていく中で大切な作業のようにも思うんです。

73（　）先生！　よろしいですか？　私たちにできることを……。

74（先生）大切なことだね。

75（　）先生！　お願いですが学級会、学年会を開いて学校全体で取り組んで何かを話し合いたいのですが、よろしいですか？

76（ナレーター）自然の脅威が（こわさが）、いのちを考えるきっかけです。

77（　）地球のいのちも同じようにいのちがあるように思います。

78（　）約１３５億年前に生まれたこの宇宙に地球は約４６億年前に誕生しました。そんな長い時間の中でたくさんのいのちを育みつないでは、進化と退化を繰り返し今日に至っています。

79（　）そんな中で、私たちが生まれ成長する中で文明が作りだされてきました。それは、人間の知恵や知識や技術によって育まれてきました。

80（　）人々に恵みや潤いを与えもしてきました。しかし、昨年の３・１１では原発事故によって地球の生命に与えた影響を考えなくてはならないと思いました。

81（　）原発事故では、放射能もれが、人間のいのちとしての、子子孫孫に至るまで、地球いのちの源としてある、大地、海、山、湖、沼、池、川などに重大な影響を与えたのも事実です。

82（　）私たちは、自然に生かされ自然の恵みによって食をして生きています。大地からの恵み、海からの恵みから人間は生かされているのが分かりました。

83（　）人が亡くなったり財産や日頃から大切にしているものが流されたりと心に穴があくような、心が引き裂かれるような思いがしました。

84（　）生きるというのは、生と死があって、つぎの命、つぎの命といのちが巡って私たちの遺伝子が、つぎのいのちへと受け継がれていると考えると不思議な思いがします。いのちが巡るというのは、素敵なことだと思います。

85（　）でも、いのちが巡る途中で、地しんによって、また津波によっていのちが断ち切られるのは、とても、悲しいしつらいものです。

86（　）地しんが起こるというのは、これ以上地球を傷めつけないでという悲鳴というか、さけびのようにさえ感じるね。

87（　）まだ、3・11震災は終わっていません。

88（　）地震の終わりがあっても、たくさんの問題の始まりだからです。

89（　）人間がその問題をひきうけて、後世に伝えて、どういう生き方をしていくか、そのことが問われていると思います。

90（　）ぼくたちも、一学期に震災のことを調べて、いろいろなことが分かってきたけど、人を強く意識をして相手を強く思う気持ちが大切にして生きることが「生きる」ということなんだというように思えてきたよ。

91（　）一生懸命、生きること　何て　何て　何て　素晴らしい〜♪

92（　）

それは、昨年度の震災のメッセージソングだね。

93（　）

私たちは、この劇をとおして、いのちということ、生きるということ自然から捉えたいのち、またいのちの使い方も学んできました。

94（　）

ここで、私たちは、被災地の方々にメッセージを歌で届けたいと思います。しあわせ運べるようにを明日へのメッセージソングとして歌います。

95（　）

最後まで、観ていただきありがとうございました。

## 震災と災害の物語
## ～稲むらの火から東日本大震災までの昔、そして今～

それぞれの被災地に残されたいくつもの人の物語

1（ナレーター）

津波で身近な人を亡くしながら、軌跡のように生き残った人々が今、語りはじめた「ことば」。

2（ナレーター）　ほんとうは、「ことば」にすることで、怖さ、悔しさ、悲しみがこみ上げる。だから、言葉にした途端に、この凄まじいほどの震災、津波の様子が軽く感じてしまう。

3（ナレーター）　でも、語ることで次世代に紡いでいける。だから、「ことば」にして語り部という立派なものではなく語り人に。聞いたこと、見たこと、関わったこと、考えたことを当時の様子がどうであったか。

4（ナレーター）　語ることで希望といのちを見つめる人びとが居たということで、ぼくたち、私たちが今に居る。そのことで考えていく。それが大事だと思う。

## 第1幕

物語（現代）　4年生のクラスでの女子と男子が話している中休み

5（男子①）　ねぇ、あの地震、東日本大震災は今、どのような状況なのかな？

6（女子①）　ゆたか先生がいつも語り部のように言っていたことでもあるけど……一度、阪神・淡路大震災の様子でDVDを観たときは、建物も鉄道もすごいことになっていたよね。東北にもボランティアをしたり視察にいったりしていたよね。

7（女子②）　行っていたではなく、行っていらっしゃったでしょ。

8（女子①）　まぁ、そうだけど。ここの場では良いん〜じゃない。

9（男子②）　良いんじゃ〜ない。か〜。まぁ、この場ではね。

10（男子③）　で、今日の学活での話し合いはこの震災のテーマだったからな。

11（男子①）　だから、さっき東日本大震災はどうなっているのかを聞いたんだけど？

12（　）　生命尊重というテーマで考えるということだったから、「生きる」「生きる人びと」などの「いのち」に関係する内容かと思うな〜。

13（　）　そうだと思う。

14（　）　あっ、予鈴がなった。5分前行動だよ。

15（この場面の人　全員）　あっ、そうだ。そうだ、そうだ。（全員、口々に）

16（先生）　君たち、さすがだね。5分前行動ができているね。しかも、べちゃ、べちゃのおしゃべりがない。素晴らしいと思います。君たちの「気づき」と「行動」ですね。

17（　）　ゆたか先生！　今日の学活は、震災のことで「いのち」「生命尊重」のことを学習するんですよね。

18（先生）　そうですよ。今回だけではなく、何回も授業として考えなくては本当の意味や考えが深まらないからね。

19（全員）　ハイ！

20（　）　しっかり向き合うということですよね。1学期に障がいのある人との交流も4年生だけの授業でした。だから、今回も私たちが（ぼくたち）が知っておかなくてはならない学習ということですよね。


21（先生）　そうです。そのとおりです。

では、授業の流れを言います。

ノートの用意をしましょう。
①知るところから始めますね。②歴史としての地震や津波のこと③当時人々はどう生きたのか④現在の私たちが考えること、すべきことでは何ができるか等を考えます。
いいですか？


22（全員）　ハイ！

23（　）　「ハイハイ」

24（　）　「ハイ」は1回だけ！

25（23の子）　そうだった！　「ごめんなさい」

25（先生）　では、始めましょう！　和歌山県で起こった地震の話でやはり、津波が発生したんだけど、今では「稲むらの火」として紹介されています。紀州（今の和歌山県広川町）で、浜口梧陵《はまぐちごりょう》という人が果たしたもの。人びとのいのちを守るためにしたことなどを考えます。

1854年の安政の南海地震で復興に挑んだ浜口梧陵と村人たちの生きた様子。これを「稲むらの火」という。

浜口梧陵は紀州広村で分家浜口七右衛門の長男として生まれ12歳のときに本家の養子として銚子（今の千葉県銚子市）に移り家業である醤油《しょうゆ》の製造販売・広屋（現在のヤマサ醤油）の事業を継ぎました。

たまたま、梧陵が広村に帰郷していたとき、突如大地震が発生しました。紀伊半島一帯を大津波が襲いました。

梧陵は稲むら（＝稲束を積み重ねたもの）に火を放ち、この火を目印に村人を誘導して、安全な場所に避難させました。それでも津波により村には大きな爪痕《つめあと》が残りました。

変わり果てた光景を見た梧陵は、故郷の復興のために身を粉にして働き

## 第2幕

今日は、みんなに分かりやすくした本からまとめておいたものをリレー形式で読んで行きましょう。

26（　）

27（　）

28（　）

29（　）

30（　）

３１（　）
３２（　）
３３（　）
３４（　）
３５（先生）
３６（子ども

ました。被災者用の小屋の建設、農機具・漁業道具の配給をはじめ、各方面で復旧作業にあたりました。

さらに、将来の津波対策と、災害で仕事を失った人たちへの失業対策のために、紀州藩の許可を取って堤防の建設に着手しました。

翌年から４年の歳月をかけ、延べ人員（参加した人の数）５６７３６人、銀９４貫（現在のお金にして……分からない）相当なお金です。全長６５０メートル、幅２０メートル、高さ５メートルの大防波堤を築きました。

すごい！

そして、この防波堤は１９４６（昭和２１）年に発生した昭和南海地震津波から住民を守りぬきました。

浜口梧陵の行いに感動した小泉八雲（ラフカディオ・ハーン）は「生ける神」として全世界に紹介をしました。

しかも昭和１２年文部省発行の、小学国語読本に「稲むらの火」として教科書にもなりました。すご～い！

しっかり読めました。理解もできましたか？

良くわかりました。全員が「うん」「うん」首を縦にふる。「分かった」。

第3幕
学級会の様子
37（司会）
38（副司会）
39（　）
40（　）
41（司会）

それでは、今の話の内容と今回起こった災害と結び合わせると身近に災害ということを捉えることが出来るかと思います。

今年は、西日本の特に、大阪高槻市、豊中市などで大きな地震がおこり、京都でも地震に襲われました。大阪、京都が避難命令をだすに至っています。まだ、震災での生活が元に戻らない人たちがいます。

意見を出し合っていきましょう。

また、西日本豪雨が岡山、広島を襲いました。さらに台風12号が東日本一帯から西日本一帯を襲いました。災害列島になっています。倉敷市の真備町では町の7割が水没しました。

私たちは、豪雨は災害になるということ。しかも自然災害だけではなく人の生活を脅かす人工災害になっているというのは、「稲むらの火」で自然災害から身を守る教訓というのを考えなくてはなりません。

自然災害と人工災害の関係をテーマにしていくことで学んでいく必要があると思います。

39（　）

42（　）

43（　）

44（先生）

45（　）

人工災害は人が原因を作っているということです。西日本豪雨が災害をもたらしてダムからの放流も行われ、それによって水位があがり家が水没した。人の「いのち」を身近に感じた出来事だったと思います。

人が作り出す災害は町の作り方、環境のこと、地形の様子から考えて地盤のことなどを考える必要があるように思いました。

ゆたか先生が言っていたけど、自然災害は人は受け身でそのまま引き受けなくてはならないけど、人工災害は人の作り出した結果で原因を考えて変える努力をすることで災害は減災になると言っていたよ。

そうですね。災害を考えたときに、地震、豪雨、台風による災害などが今回、人々の生活を根こそぎ奪うようになっているということです。

都会では降雨の場合、あっという間に水没してしまう危険性が高いです。特に地下鉄。川の水位があがる。だから、今回は地震ではないけれど、日ごろに起こりうる出来事としての災害が他人ごとではなく自分ごととして考えざるを得ないこと。今ある生活が一変してしまうのは、人の生き死にに関わることを学んだと思います。

だから、人工災害のことは、人が作り出した災害として考えなくてはならないんですね。

46（先生）　全く、そのとおりです！　良くポイントを押さえましたね。

## 第4幕
東日本大震災をふり返る

２０１１年３月１１日　午後2時４６分　マグニチュード9　震度7

47（ナレーター）　東日本大震災は、２０１１年３月１１日でした。遠い過去として考えることではなく身近にある災害からも想像していくことができると思います。

48（ナレーター）　それは、第３幕で、２０１８年の災害の様子、気候変動から起こる豪雨、高温による夏の異常気象などで身近な地域でいつ起こるとも限らない災害が日本列島を襲い、人々の生活を根こそぎ奪ってしまっていることを深く、深く考えなくてはならないと思います。

49（ナレーター）　では、２０１１年３月１１日タイムスリップしてみましょう。

【三陸海岸近くの町の市役所の様子】

50（職員）市役所全体がゆれています。これは、大変な地しんでした。となりのフロアや下の階では床《ゆか》が落ちて、外に逃げようがありません。

51（職員）非常階だんを使って外に逃げよう。

52（職員）いや、屋上の駐車場《ちゅうしゃじょう》にひなんしよう。

53（職員）みんな、各階の職員《しょくいん》は、とにかく身の危険を感じて逃げてきました。

54（職員）2階は、どうだった？

55（　）天井《てんじょう》がなくなり押しつぶされ、一瞬《いっしゅん》の間で柱がつぶされてくるのがわかったので、もう逃げるしかないです。

56（助役）市長！　職員も全員が屋上の駐車場《ちゅうしゃじょう》にひなんできないでいます。

57（市長）職員の呼びかけを緊急《きんきゅう》放送のマイクで呼びかけよう。

58（助役）はい。私がやります。職員《しょくいん》のみなさん！　緊急です！　屋上の駐車場にひなんしてください。緊急、緊急のお願いです。すぐ外の屋上にひなんしてください。

（助役）市長、津波がおそってきています。

（市長）市庁舎《しちょうしゃ》のあの音は何ですか？

60（職員）はい、柱の音です。私たちが屋上にかけつけようとしている途中《とちゅう》で確認しています。

50（職員）61（職員）　市長！　屋上にいるのは職員と近隣《きんりん》の住民合わせて127人です。

62（市民）　お～い！　津波が町全体に入ってきたぞ！　この市庁舎の4階まで津波がきている。

63（市民）　町がなくなっていくよ。

64（市民）　これは、大変だ。こんなことが起きるなんて。

65（市民）　家が流されていく。

66（市民）　お～い。今度は津波が引いてきているぞ。家が海に流されていく。松の木々。電柱、ビル、家々、田んぼ、畑、何もかもなくなってしまう。

67（　）　ガレキが海に流れていくぞ。

68（　）　人も海に流されていく。何人も、いや何十人も。

69（ナレーター）　地元消防団、職員《しょくいん》、けいさつの方々、村の四分の一の人々が救出《きゅうしゅつ》しようと必死になっていた矢先に津波にのみこまれたということです。どこかの市長さんも職員に誘導《ゆうどう》され、逃げていく途中で津波にのみこまれたという話がありました。

70（ナレーター）　村内放送をして、ひなんを呼びかけしていた女性の人も津波にのみこまれてしまったそうです。そして、お年寄《よ》りを助けにいった職員《しょくいん》も二度と屋上にはもどってきませんでした。

「稲むらの火」からの教訓〜さらに新たな教訓を考える

71（ナレーター）「稲むらの火」は、稲束に火をつけ村人に津波がくることを知らせ高台に逃げることを梧陵が呼びかけた。

72（ナレーター）東北では、明治29年の三陸津波は30〜40メートルの高さまできたらしい。昭和8年の津波も、30〜40メートルの高さになったらしい。2011年3月11日の東日本大震災もまた、30〜40メートルの高さまできている。

73（ナレーター）東北では、これら津波の対策として、「稲むらの火」の教訓として、防潮堤を作り何キロにも渡り海岸の沖に作っていた。

74（ナレーター）そして、家も「この下には家を建てるな」という碑がある。
また、東北の三陸地方では、「津波てんでんこ」という言い伝えがある。てんでんバラバラに逃げて、自分のいのちを先に守れ！　津波が来ないことが分かったら、避難している人々を助けること。
これが、「津波てんでんこ」の言い伝えと意味だそうだよ。

75（ナレーター）「稲むらの火」の教訓は、高台に逃げろ。一人ひとりが自分を守ることを先にしようという考え方は、お互いで最初から助け合うことをしていると津波にのみ込まれてしまう経験からのものである分、いのちが先という考え方からきている。

76（ナレーター）「稲むらの火」と「津波てんでんこ」は共通している。防波堤、防潮堤を作ったことでも共通している。しかし、２０１１年３月１１日の東日本大震災は防波堤、防潮堤をのみ込み津波が陸まで押し寄せて、さらにガレキの下にいのちが埋まったままの人、家財道具や宝物が海に流されたり、ガレキの扱いにされたりしました。

77（ナレーター）ここで、新たな問題として、福島の原子力発電所の爆発事故により放射性物質が飛散したことで多くの人々が県外に生活を移し、未だ福島では１２万人の人びとが地元から離れて生活し故郷には帰れない状況です。

78（ナレーター）県内に５万人、県外には７万人が生活を移しています。震災当時は１５万人の人びとが移動されていたそうです。しかし、今も変わらない状況があります。

79（ナレーター）このことは、他人ごとではなく、日本の中で起こっている今の様子です。

80（ナレーター）

また、2018年7月の豪雨、西日本大地震の傷跡は、こころの傷跡として残されたままです。

災害は、地震、台風、津波、豪雨、放射能汚染など新たな問題に直面しています。私たちの生活が脅かされるという点で共通している。いのちを考えていく問題です。人は生きることで、幸せや生きていることの意味を感じ人の暮らしに潤いを与える自然の恵みにも恵まれているのがあります。

しかし、自然の脅威と恵みを両方引き受けながら人びとは生活をしてきました。

81（ナレーター）

知恵を育み、知恵を働かせ生活をしてきました。

人工的な災害として新たな視点で災害を見つめていく必要があります。

これらの災害は、すべからく、いのちに直結します。

災害を新たな目線で捉え、あるべき自然、あるべき社会を創造していく問いをもつことが大切で、さらに行動が問われてもいます。

そのことを、私たち（ぼくたち）なりに考えたいと思い、さらに、その後どのような話し合いになっているか学級会の様子を覗いてみましょう。

第6幕

【人と人とが織《お》りなす絆《きずな》を考える】

～学級会での様子～（人として「生きる」）

82（司会）　司会の○○です。「一昨年の3・11の地しんは悲しみが大きすぎる分、言葉にしたとたんに、軽々しく扱《あつ》かってしまう」ということをゆたか先生がおっしゃっていました。

83（副司会）　しんさいというのは、たくさん問題があり、私たちなりに考えて、どういうことが大切か何をどうしたらよいか考えてみたいと思います。

84（　）　きっと、それは生きるということの……そうだな!?　生き方になるとと思うよ。

85（　）　うん、そうだね。あれだけゆたか先生が語って地しんの学者のように語るのは、ぼくたち（私たち）にすごい、メッセージを発信しているんだな。

86（　）　確かに。（フムフムというしぐさ）人へ伝えていく語り部にならなくちゃいけないということなんだね。

87（　）　語り部って何？

88（　）　歴史的なことで大切なことを生き証人のように伝えておかないといけな

いことだよ。

89（　）ふ〜ん。そうか！

90（　）それに、戦争で亡くなった人々への思いや戦争が何で起こるのかという問題でもいつも、語り部になっていた。

91（　）それって、先生が亡くなった言い方じゃない……!?

92（　）そんなじゃないよ。先生は「生きて」います。

93（　）しかも、それを今度はぼくたち（私たちも）が伝えることが大切だと思うということも先生は言っていたよ。

（先生が教室に入ってくる）

94（先生）君たち、大事な話をしているね。続けて、続けて。

95（全員）ハイありがとう、ございます。

96（　）地しんが起こった後の風景《ふうけい》と戦争の風景はかなり似ている。

97（　）同じ風景に見えるよ。

98（　）福島、宮城、岩手などの東北の人たちのことを、どこまで分かっているかというと「かわいそう」「悲しい」「がんばって」という言葉しか浮《う》かばない。

99（　）テレビのコマーシャルでね「がんばれ日本」ということが、毎日テレビ

100（　）コマーシャルで流れていたよね。「がんばって」というのは、今、がんばっているのに、もうこれ以上何をどうがんばればいいんだよ。

101（　）自分たちは、「がんばれ」とかんたんに言える環境にあるから、相手の立場や相手の気持ちを考えたときに、そうかんたんに、「がんばれ」と言うのは、言葉を選ばないといけないね。

102（　）それは、大切なところだね。「かわいそう」というのも、みじめな思いをさせてしまうことになるので、しかも、「かわいそう」というのは、そこには、自分たちは、しんさいを受けてなく上から目線でものを言うことにもなるかもしれないね。

103（　）今、福島では放射能《ほうしゃのう》の問題で、ひなんしたり今まで育った、ふる里を脱出しなくてはならない人たちがいるということで、考えればいろいろと根が深いな……。もし、自分がそうだったら、どうしよう……。

104（　）だから、人ごとじゃないんだよね。また、一年、二年たっていくと、この地しんのことを忘れてしまうこともあるよ。

105（　）それって、よく言う風評ひがいではなく、う〜ん。そうだ！　忘れてしまう風化ひがいだということをおばあちゃん、おじいちゃんが言っていた。
そうか、おばあちゃん、おじいちゃんは語り部《かたりべ》なんだ。

106（　）ねぇ～。みんな！　こんなにみんなが一生懸命《いっしょうけんめい》に話し合い活動をいているのは、【総合的な学習の時間】、【社会科】で調べたり、考えたり感じたりしたからだよ。

107（　）そうだね。そう言えば、そうだよね……。（口ぐちに）

108（　）先生にお願いをして、この話し合いをきっかけにもっと、自分たちで、しんさいの中にある、たくさんの問題を、さらに深めていきたいよね。

109（　）それが、今こういう形で、一年間のまとめの表現しているんだけどね。

110（　）あの、ここ笑うところなんですけど。（みんな笑い）

（司会）話し合い活動にもどってください。

（全員）ごめんなさい。（全員）

111（　）2011年の地しんのことは、できごとで終わらせてはいけないと思います。

112（　）利根川先生が言っていたんだけど、「自然の怖《こわ》さも地しんから教えてもらっているんだよ。」と言っていたよ。

113（　）利根川先生がおっしゃっていたでしょ？

114（　）あっ、そうだ。そうですね。「おっしゃっていた」

115（　）中村先生は、自然の中に恵みもあるとおっしゃっていた。

116（　）そう、おっしゃっていた。正解！

117（　）ということは、自然の怖さと恵みを受けて人は生きぬいてきたということになるね。

118（　）そうかもしれないね。かっこいいことを言うね！

（副司会）それでは、いろいろと大切な意見がたくさんでました。
自分たちができること。自分たちにできること。日がたつにつれて、ひさい地の様子が見えにくくなってきています。そこで、私たちとして何ができるかを考えて実行していきたいと思います。

（司会）それが、復興《ふっこう》に向けて道すじをつけていくことにつながるようにも思います。

（司会）先生、取り組みで指導をお願いします。

（先生）とても良い話し合い活動になっていました。
これが、「生きる」これが、いのちの使い方であったり絆の形であったりすると思うよ。絆を大切にして「生きる」ということを考えて、これが、日々の生活の中でも活かして「生きる」を表現してほしいと思います。

そして、ひさい地に何ができるかを問い続け形にしていくことが大切です。

## 第7幕

119（　）
120（　）
121（　）
122（　）
123（　）
124（　）

### 【結び　いのちをいかに生きるか】

地しんが起こるというのは、これ以上地球を傷《きず》つけないでという悲鳴《ひめい》というか、さけびのようにさえ感じます。

まだ、3・11のしんさいは終わっていません。

それは、地しんが終わっても、たくさんの問題の始まりだからです。

東日本大しんさいのことを、次の世代に伝えていかなければならないと思うようになりました。

支え合うという絆（きずな）は、地しんのこわさから身を守るために必死になって生きる人々の生きるだったたと思います。

そして、私たちがひさい地の人々との絆をどう表現したらよいかを考えた時、このような劇《げき》で表現する中で、絆というものを強く意識することができました。

125（　）私たちは、一学期からボランティアのことで、阪神・淡路大しんさいのことを道徳の授業で学びいろいろなことが分かってきました。

126（　）そして、「生きる」という意味と「いのち」ということを強く意識するようになりました。

127（　）ひさい地の人たちに歌でとどけたいと思います。

128（　）歌います。応援メッセージソング○○。

（全員で歌を歌う）

129（　）最後まで、ごらんいただきありがとうございました。

130（　）ありがとうございました。（礼）

（全員）ありがとうございました。（全員で礼）

# 第2部　被災地への眼差しと被災地への想い

# 第六章　地域の青少年育成会での講演会

立川市の曙町三丁目の自治会長、元ＰＴＡの会長さんの参加の下、パワーポイントを使い大人向けの学習会を行った。意識の高さを感じる場となったのもありがたいことであった。

直属の校長、副校長、隣の地区の校長、地域の支部長さんの参加の下、青少年育成会主催での学習会では、教え子が参加してくれた。現在の教え子、元の教え子が一同に会して参加していたのは印象深くこころに刻まれたものである。また、同僚のＥ氏の撮影機器のセッティングなどの準備があっての講演会が可能となったのもありがたいことであった。

これらは、地域興しの一環として、地域の人々の意識のもち方、特に青少年育成会会長さんの原発事故に対する想いも強くあったのも手伝っている。市議会議員の方の参加もあり共に学習会ができたことはありがたい経験であった。

この学習会は子どもたちとともに考え学んできた事柄であり、台本作りとの関係で地続きとして演劇作りにつながる内実を伴っている。

演劇作りは子どもたちが主体である。ここでの学びは大人向けではあるものの内実は大人も子どもも共に学ぶことの意味と形になったこともあり地域の教育力という意味合いが大きいものである。

## 「東日本大震災の八年の今」

現在進行形ですすむ被災地の今を綴っている。3・11にどう向き合うのかは私たちが向き合ううえでの問題意識を提起しているものである。

以下、パワーポイント原稿を参照。

本書は「問いをもつ」「問題意識を提起する」ことであり、被災地との関係性を創造していくこと、このことの意味と人としてのつながり方を紡ぐことで、社会そのものの有り様に対しても意識の一端にしてほしいという想いで描いている。被災地の復興が今未だ課題をもっているということもあり、なおさら、この演劇表現を通して伝える役割は終わらないという想いでいる。

# 3・11をどういう想いで向き合うのか!?

向き合い方
Ex、死者の魂　生きている者の魂が織りなす　魂の行方を考える
死者の野辺送りは死生観を考えたとき、まだうかばれない。
○魂の行方を問い続けること
行方不明　2000名　死者の方　20000名

○親子が引き裂かれた
生業がつぶされた　地域のコミュニティーが壊された
家族の営み　幸せの空間
(団欒が奪われた)

## 私たちはこの8年間　東日本大震災の何を捉えてきたのだろうか

■ 陸前高田の今の今

かさ上げ工事が進む　一方、大船渡線は全線不通　未だ気仙沼～盛駅間は不通
被災地の変わらない現実
人口　24000人　震災による犠牲者　約1800人
住宅　約4割の3400戸が被災
仮設住宅で暮らす人　約1600世帯
町のかさ上げ工事がまたれる
(かさ上げ12m)
しかし、回りの景色は荒涼とした景色
(モノトーン、モノ黒)

## ポスト震災生の生をどう共有していくか②

- そのうえでの我が町の防災を考えていく
- そして、まだ被災地は変わらない現実に対して、気にしていく。どういう想いで向き合えば被災地が見えてくるのか

⇕

- 東京オリンピックと被災地の後の復興を
- 　これは、ウラと表の関係で東日本大震災は既に過去のものとして扱う　東北は復興
- 　日本は再生した　　折り合いを付けたいという想い

## 人災と天災市井の人々が関わる不安と葛藤

### 〜底知れぬ恐怖と不安　形にならないもの〜

- 福島第一原発が与えた影響　　計り知れない事故　甚大な事故　前代未聞

釜石市の天神町仮設住宅

## 故郷の喪失　壊滅的な風景　自然の脅威　自然の恵みとどう付き合うか

釜石市駅周辺の様子　米屋さんの後(後ろの住宅も影響)

農産物、水産物、大気、水、動植物、 放射線の線量
汚染→除染した・・・・・！？　帰還政策の今　2%の状況

- ライフスタイルの問い直し
- 生き方の洗い直し
- 健康のリスクを背負いつつ働くとは、一体、どういうことなのか
- 
- 原発　20ミリシーベルト(年間被爆線量)

絆　紡ぐ　連帯　共生　つなぐ
これらの言葉のイメージをより豊かにしていくための
在り方と方向を考え行動に

- 顔の見える交流　つながり方に関係

⇩

- 防災の捉え方　防災の町づくりとは何かを地域の地政学を意識したうえで

⇩

- 新たな防災の町づくりとは何かを模索

私たちは次世代に何を残せるか
過去から学び現代を問い未来を紡いでいける関係の創造

- 岩手、宮城　津波
- 福島　原発事故
- 一時、思考停止　感情の低さを作り出した
- 被害の状況は一律ではない
- 悲しみの深さ　喪失感には温度差　意識の溝がある
- 石巻市の大川小学校　震災モニュメントととして残す
- 震災遺構にようやくたどり着く
- 一時、震災遺構を残すことに悲しみが倍化すること
- で形になるものに底深い意識の溝、温度差を内包

見えない脅威(確執・・・!?)
阪神・淡路大震災から24年
神戸の震災体験者　半分　75万人
震災無体験者　75万人
町への向き合い方と意識の溝　あの時のままで止まったままの時間が未だある人々の悲しみを共有することの意味を問う　怖さ、不安の中から再生した今の神戸

- 都市の再生は近隣の人の移動が
- スムースである分、被災地との関係は見えやすい
- 東日本大震災は交通網の寸断と
- 情報が混沌

白黒の風景
海岸はそのままの風景
荒涼とした風景(モノクロの風景)

8年経っても風景は変わらない状況
かさ上げ工事の遅延で人々は待てない
人々は新たな生活と故郷を出る、高齢者が多いことで残るとの分水嶺

- 震災を体験すると
- 非日常の生活　怖さ　心細さ　帰宅難民　いっとき避難場所での生活
- (すくなくとも1か月～3か月)
- 身をすり寄せて生きる　共生の在り方　生活秩序　集団としての規範とルール

身の安否の確認
ツイッター　フェイスブック
グーグルの被災者安否登録「パーソナルファインダー」
iphone　ミニ
FM 局　NHKデータ「警察データ」

- 自分の身の安全と家族、知人との関係を
- 確認するための情報リテラシー
- 東北の人々の置かれている様は震災前と
- 震災後での環境は一律ではない
- 人々の声が、声なき声が聞こえてこない
- 今を生きるために必死になっている

日本人自身がどんな未来を選択するのか
⇩
問われている

- 他人に対して、無関心・無関係であるという日常
- ⇩
- 魂が揺さぶられた　自分以外の誰かのことを考えるようになった
- 他人事から自分事に!!
- ①人間らしい感情
- ②人と人とのつながり方のことを見直すきっかけ

震災後の秩序だった行動と気遣い
心は見えない　しかし、日本人自身のこころ遣いは　外国から見た場合　素晴らしいと見ている。

- 悲しみの葬列の中にしばらく身を置いてみる

- 「今こそ、立ち上がろう」安っぽく聞こえる。被災地の感情を共有しないで日本の再生
- 復興をアドバルーンをする。安易な言葉の空文句でしかない。

## 2019年　東日本大震災を問う
## ポスト震災の生をどう共有するのか

- 現状と状況から考える
- ①津波と原発事故の二項図式
- 　岩手県　津波の論議　　福島県　原発事故
- 　このことは後で付記する
- ②宮城県　都会での再生
- しかし、学校の統廃合でこころのケアの課題が・・・・・
- 町、街の再興が先行し人の復興は後に
- ③阪神・淡路大震災も同様　人間復興の大義名分は闇に葬られている
- 　義援金カンパの行方　　街の特別会計にプール

## 自宅の再建は見通しが立たない 生業もまた解体

- 人の大移動　福島　12万人が故郷から大移動
- 高台に住居を建てること土地取得、造成に数年要する
- 生活圏の環境は未分化
- 生活再建できる人　生業を奪われた人
- 子どもの環境の置かれ方とケアに違い
- 大人は家族を背負っている分、自己肯定感、自己有用感に違いがでている
- (家庭の支えの構造が大きな要因となっている
- 学力は家庭経済に起因している

## 震災後の子どもたちの学校での様子

- ①落ち着かない
- ②集中力が持続しない
- ③攻撃性が強くなってきている
- ④年齢にふさわしくない甘え
- ⑤大人の気を引く
- ⑥発達しょうがいを疑わせるよう
- な子どもが少なくない
- ⑦不登校の子も依然高いレベルにある
- (宮城県教育委員会、宮城県教職員組合出典)

## 福島の場合

- 原発事故による甚大な被害
- ①子どもの甲状腺被害　白血病
- ②故郷に住めない状況　フレコンバッグの汚
- 染袋が何百万個もある
- 放射性物質の風化被害　農家　畜産　海産
- 物などの漁業に影響
- 8年経つと忘れる　風化被害となる
- ③食をする　しない　(放射性物質を含む食)
- の扱いと関わり方は現在でも分岐
- 子育て家庭は　移動し生活圏を移す

## 原発近くの福島の学校の場合

- ◇広野町　1小　1中いわき市内で開校していたが2012年2学期から再開
- 小学校　151名　中学校　66名
- ◇楢葉町　2小　1中　いわき市内で開校していたが2017年度、町内で再開
- 小68名　中33名
- ◇富岡町　2小　2中　三春町で再開していたが2017年度から町内で再開
- 三春校も継続
- 小13名　中4名　三春校は小12名　中10名
- ◇飯舘村　3小が川俣町内、1中が福島市の仮設校舎で開校していたが2018年度
- 村内で再開
- 小33名　中42名
- ◇大熊町　2小が会津若松市内の旧校舎で1中が同市内の仮設校舎で開校
- 小19名　中13名
- ◇双葉町　2小1中が埼玉県騎西町で区域外通学ののち、2014年度からいわき市
- 内の仮設校舎で開校
- 小31名　中12名
- ◇その他の学校
- *帰還政策を招来する中、開校する学校が多くなってきている。*
- *(各役場からの資料　児童生徒数は2018年4月1日現在)*

## ここで言えること　現状①

- ①大熊町、双葉町はまだ、町外で教育活動を強
- 　いられている。
- ②どこでも児童数が減っている
- ③帰還政策を早く推し進めていた広野町は震災
- 　前500名を有する児童数であった1/3に減
- ④帰還政策を通して何を復興の手がかりにする
- 　かは今後の帰趨にかかっているが
- 　　放射性物質は何十年と残る

## ここで言えること　現状②

- ⑤時間が経緯する中、親の転勤、生業の再考をする中児童
- 　数は今後、さらに減になることが考えられる。
- ⑥年配世代は故郷への帰還を喜び、熟年世代、若い世代は
- 　生き直しをする選択をする方向がでている
- ⑦総じて、「絆」「日本は一つ」などのスローガン倒れの内実は
- 　内実を作らない。
- ⑧要は福島をどうするか、どうにかしなければならないとい
- 　う意思と行動、復興のシナリオをどうするかが地域、行政、
- 　人の力で復興することの中身を共有しテンポをつけていく
- 　ことが問われている。
- 

## 学校としてどうするか①

- ①社会に対してアプローチしていく学校文化と地域文化
- 　の結合
- ②小中一貫としての学校　施設の複合化(同じ施設で学
- 　ぶ　文化　行事の同時開催)
- ③福島全体は帰還した人々は3割弱という数字から何を
- 　構築するかである。
- ④被災地から未来を展望する意識の芽生えも少しずつ
- 　でてきている
- 　　○地域や社会のために「何をすべきか」という意識
- 　　　が高まりつつある
- 　　○「将来の夢や目標をもっている」という意識ももち
- 　　　始めてきている

## 学校としてどうするか②

- ⑤高校生との意識の落差もある中、小中生の自己肯定感とい
- 　うことを考えたとき
- 　被災地の一部地域の芽生えは大切にしたいところである
- ⑥意識の温度差は福島全体としては、低空飛行が続いている
- 　中にあって帰還政策することでの意識の再生は評価すべき
- 　ものである。
- 　　但し、先に触れた放射性物質の放出の後遺症は子どもた
- 　　ちにさらに広がる
- ⑦地域再生の鍵は子どもたちであるとするならば、活躍する
- 　受け皿と社会的な基盤整備は大人が考えなければならない
- ⑧それを支えるための知恵と支援は全国からのものが必要
- 　となる

## これからの日本
## 東北にどう向き合うか ―人ひとりに問われている

2019年3月11日に向き合い(2011年3月11日)
死者の魂　私たちの生の魂の行く末を
考えながら　今後の向き合い方を指向するために・・・・・。
　一つひとつをできるところから・・・・・

ご清聴ありがとうございました。

松本　由隆

# 第七章　震災劇を通して考えたこと

感傷にふけっている場合ではない。それは被災地の環境だけではなく日本国の姿と日常が変わったということである。福島県には日本の原発が５０基ある中で、１０基が集中している。原発銀座と言われる所以である。福井県もまた原発が集中している。福島第一原発事故がもたらしたことは、とてつもない環境の変化を起こし、新たな問題を突きつけられた。未だ原発事故で苦しむ人々がいる。生きる場所が変わり、引き裂かれた日常という想いをひきづりながら生きる今の姿がある。福島第一原発事故は世界的なものになった。各国の特派員は事故後、日本から即帰国している。これは、原発事故の怖さをチェルノブイリ第四号炉の事故による放射能汚染の怖さを知っているからである。

日本に住む私たちは逃げたくても逃げられない。この問題は直接引き受けて生きるしかない。私自身、同僚と社会科見学の実踏（下見）で東京都の中央防波堤と、そこの場所から少し離れたゴミ焼却場でのレクチャーを受けた。埋立処分場では、放射性物質に汚染された瓦礫を引き受けている。

日々の放射性物質の量が毎日測定されているため、その都度、データと、にらめっこをし微量の放射性でとりあえず、子どもたちに影響がないと考え社会科見学を実施した。また、その前の春の運動会も危惧の念は拭えなかった。

震災当日、首都圏は２００キロメートル圏内だった。チェルノブイリ原発事故で２００キロメートル圏内は移動している。東京都民は他人事ではない。故に、ポスト震災の生をどう共有していくのかの問いは被災地の福島だけではなしに首都圏自体が影響を受けたことで震災で起こった様を共に共有しなくてはならないということでもあった。赤い枠の中に首都圏はすっぽり埋まってしまったのである。だから、キノコ類も影響をもろに受けた。生協関係は独自に放射性の測定を行い食の安全を確保したうえでキノコ類を発送している。無理もない話である。危険性を考えて値が高いものものは出荷できない制約の中で、いのちを生きるために放射線測定器で測り農産物の安全性を考えて出荷していった。今日においても福島の米の生産も放射線の測定を行い出荷している。ここで問いをもつこととなる。福島産の農産物、米などは食べられないという消費者の意識、いや被災地支援として食べることで支援につながるということ。食べるにしても放射能チェックは欠かせないのが基本である。ここの食するということの問題は共に生きるためにということで未だ分岐する問題である。

読者のみなさんはどう考えるだろうか……⁉

現在進行形ですすむ大きな命題である。支援の在り方を問うためにどうするかを食の問題から捉えた事柄である。

福島ナンバーの車が川崎では放射能が移るから来るなという偏見が被災者を排除の構造として作りだしている。また、京都の大文字で秋田の杉もまた放射能問題で五山の送り火は変更させざるを得ない⁉　ということも起こった。沖縄の子どもたに青森の雪を送るという企画も変更を余儀なくされている。

この問題の根っこには偏見と排除の構造が本質においてある。自分たちの生活に利害が絡んだときにどういう態度で向き合うかである。他者理解をしていくのは共生がキーワードである。利害を共有していく。利害が絡むときに、いのちに関わる問題として考えたとき食の問題しかり自分のいのちを大事にすることはあたりまえである。その際に被災地の生はいつも放射性物質を意識させざるを得ない状況である。そこで生きるのである。ヒロシマ、ナガサキに原爆を落とされ被爆し、今日生きている人々がいる。原爆では当然、周辺の人々にはかなりの線量で被曝を強制されたはずである。日本は原爆を投下され被災地であるとともに被曝した人々の数は人類史上初めてのことだった。何十年と残る放射線量は、当時のことを雄弁に物語る。

今日、自分のところに身近に迫ってきたものは、「何で来るんだ、福島の問題をもち込むな」という意識の変化である。諸悪の根源に目を向けることから遠ざけられ市民同士が反目し合うという構造はしかけられたものでもある。個人が抱える課題はすべからく人同士の関係から考えて問題の所在を冷静に捉えてみる。そのような手続きがあって相手を見る。相手の置かれている環境の変化を考えたとき被災地感情が見えてくる。

鎮魂の祈りと魂が揺さぶられる体験は被災地から見えてくるものは何かを捉えてみることから始まる。

## 阪神・淡路大震災を問う

ナレーション

この芝居は、単に地震サバイバル、防災マニュアルでは震災の本質が見えてこないことを踏まえ、被災地の生をどう捉えるかを、主眼に置いた物語である。

しかし、物語といってもノンフィクションとしてのものであると言うこと。このことを意識してシナリオを書いた。

知識としての、情報知。過去に、こんな出来事があった。だから、こんど大きな地震がきたら困るので地震マニュアル、防災マニュアルを準備しようというのでは、被災地のことを想像できない。わが街の生き残りのための云々ではない。

震災当時、人々はどう生きたのか、必死に生きようとした生の振舞い方は、どうだったたか、また、人々はどう生きようとしたのか、すぐれて「人が生きる」をテーマに掲げての物語である。

子どもたちは、演じる側になるが、観客（見る側）も被災体験をしてもらうものである。

過去の記憶、震災の記憶はいつか消えてしまうことがある。戦争でさえも同じようにかつて、おこなったことを都合よく忘れてしまう。

しかし、忘れないで伝えていくということは、人の生き死にを、どう考えるかである。

震災というのは、いつまた起こるとも限らない。戦争もまた同じである。

だから、教訓の仕方、在り様を人をコンセプトとして掘り下げる。

それでは、幕を開けて考えていきましょう。始まり、始まり……。

## 序幕

大きな音（ごうおーん）　1995年1月17日　AM5時46分　地震発生！　地震発生！

（アナウンサー）　ただいまより、りんじニュースを申しあげます。
こちらは、ラジオ関西、朝のニュースタジオです。
関西地方で大きな地震が発生したもようです。津波の心配はないもようです。
いゃ、失礼しました。関西地方は、神戸で大変な地震が起こったようです。震度は、6弱、いゃー。ゆれています。ここでも、大変なゆれです。テレビモニターが落ちました。ラジオの配線が一部不通になったもようです。スタジオ内、大変、混乱と散乱をきたしております。

（激しいゆれ）　机が激しくゆれ、いすにすわって居られない状態。

（アナウンサー）　こんな、地震、今まで経験していません。どうしたらいいでしょう．

（企画調整室）　もう、ここは危険な状態になっている。かべに、亀裂《きれつ》が生じている。逃げよう。

（アナウンサー）　もう、ラジオの配線が寸断《すんだん》されました。

それぞれの1・17

## 第1幕　ダンスのレッスン～明日の本番を前に～

（指導者）　夜通しかけて練習してきたのも、明日の本番を前に体で理解をしておきたいから……だから、集中して、今、しっかり体に覚えさせて昼間は体を休めてほしいの。

（生徒A）　さぁー、まだ、夜明けまで時間があるんや。レッスン！　レッスン！

（生徒B）　きびしいなぁー。

（指導者）　いや、これも修行のうち。がまんがまん。何、ブツブツ言っているんよ。体を伸ばして、腕は後ろに……こう……

（イナバウアー）

（生徒A・B）　イナバウアー!!　すごいなぁ～。

（生徒A）　たいしたもんだな～。

(生徒B)　やっぱりみせてくれたよなぁ～。

(指導者)　ちょっと、待って！　何か来る。

(生徒C)　え～。

(指導者)　地震だ！　机の下に隠れるんよ。頭を下げて。さぁ～。

(生徒一同)　(口々にアドリブ)キャー、助けて！　何だこれは。(激しく揺れる状態を表現)

(生徒A)　これは、すごい！　全く動けないよ。たてゆれ、横揺れ、何、何、どないしよう!!

(生徒B)　壁がおちてくる。

(生徒C)　床に、ヒビが入ってきた。

(指導者)　みんな、揺れが落ちつくまで机の下で待つんよ。

地震は数十秒でおさまるから。ようやくもおさまった。

このビルも危険だから外に逃げなぁ～アカン。


(全員がひなん)


(ナレーター)　この阪神・淡路大震災は震度7、マグニチュード7・2の地震で、机の下とか、周りの手すりやつかまるものが全く役にたたずに、ほとんどが、なす術がない状態であった。

また、数十秒で何千人もの命をうばった。下敷きになった人が(圧死と

いう）その場で命を落とした。その後、６４３４人という震災関連死という形で発表されている。（圧死は約３０００人）
しかし、数が多くても少なくても人の命は返ってこない。震災のもたらしたことの重さを、この劇は問うています。

（音楽）

東京の学生の下宿

（学生１）　（目を覚ます。１月１７日　朝の６：００）

　　　　　あぁ～。今何時かな。やけに、早く起きたもんだなぁ。

（学生２）　あぁ～。何で早く起きているんだぁ。

（学生１）　なぜか、目が覚めてしまったんだよ。

　　　　　何か、あるのかな!?

（１月１７日の午前６時）

　　　　　テレビでもつけて見ようか。

（ずっとテレビに見入る……）

（学生２）　外国で、また戦争が起こったのかな!?　でも、日本の風景にも見えるけどな。日本で戦争が起こった？

（学生1）日本の神戸で地震が起こったって！　大変なことが起こっているんだ。これが、日本か。今までで見たことがない風景だぞ。

（学生2）東京で地震が起こらなくてよかったよ。東京で起こったら大変だぞ。

（学生1）お前、何言っているんだよ。今、神戸で地震が起こっていることをどう見るんだよ。神戸で起こった地震が、東京で起こらなくてよかったって？　神戸も東京も同じ日本だよ。神戸で起こった地震が、どういう意味をもつか、人の命がどうなるかの問題だよ。戦争でも、人の命が直接関係するだろ。地震も人の命と、直接関係してくんだよ。それが、東京で起こらなくてよかった？　とんでもないことをお前、言ってんだよ。分かってんのか？

（学生2）いゃ〜。その、あの、まったく想像することが、できなかったよ。

（学生1）台風でもそうだよ。「関東地方を台風が通過をし、東北地方に台風が北上しています。台風の去った後の台風一過で、関東地方はきれいな青空でよかったですね」という、どこかの思い上がりのテレビ局のニュースと同じだよ。東北地方の人は、台風を迎え、稲刈りや、果物の収穫時期である場合だってあるんだぞ。

（学生2）　いゃ〜。神戸の人のことを想像してみようという気持ちが働かなかったよ。テレビから流れてくる映像で、遠い地域のこととして見てたよ。ごめん。流れる映像だけを見てたよ。

（学生1）　これが、日本で起こったとは、にわかには、信じがたいというふうに見えるのは、その通りだよ。でもな、現実として日本で起こっている、今の今だよ。これが日本でもあり、これも日本なんだよ。

オレ、神戸に行って何かボランティアのようなものができないか？現地に行って情報を集めてみようと思う。

（学生2）　かっこいい。

（学生1）　そんなこと言っている場合じゃねぇだろう！

（学生2）　悪い。まだ、人ごととしてしか見てないんかも。ごめん。オレも神戸に行ってボランティアのようなものをすれば、分かるかもしれない。

（学生1）　その通りかも知れないなぁ。いっしょに神戸に行って人のために、活動をしてみようか？

（学生2）　後をついていくだけかも知れないけど、頑張ってみるよ。

ナレーション

今、ごらんになったように、人々が自然の災害を直接、地震という形で受けることで、人々は逃げまどい、戦争の風景ともつかず、また広島・長崎の原爆の風景にも感じられる地震の風景。東京大空襲にも重なってさえ見えます。

地震が起こった後の風景は、火事が起こり、煙が立ち込め、人々が逃げまどうというのは、６０年ちょっと前の日本が経験したひとつではなかったでしょうか。

私たちも、道徳の時間で貞子像のことをやり、戦争のこと、平和のことを考えました。地震が起こって人々の動揺は、それはすごいものがあったと聞きました。これを極限状態と言うんだということを教わりました。地震が起こった後も、生き地獄というか、人々の困りはてた様子、これからどうして生きていったら良いか、人々が生きるということの意味を考えて生きたいと思います。

防災のこともあわせて、日ごろから考えていくことが大切です。

「遠い親戚より近くの他人」ということをよく聞きます。お互いが日ごろから顔の見えた近しいつながりを作っていることが、いざとなった時、連帯が生まれるということを聞きました。

1・17から1ヶ月後
（被災地でのその後）

## 第2幕　市役所へ義援金をもらう手続きで被災者は、長蛇の列で並んでいる

（被災者1）　あの〜。義援金を頂けるということをお聞きしましたけど？

（役人）　ウ〜ン、これは家の一部がこわれているか、半分位かですわ。

（被災者1）　あの、半分こわれている位かって建て直したいんです。家が全部こわれているんだったら補助金がでるんでしょ？　建築士の人に診断してもろったらこの家、全部こわれているって言ってはったんです。

（役人）　手続きは、半分こわれているということで出来ます。その場合家が全部、こわれていると違いますから、補助金はいくらかでます。

判定というのがあってランクがつけられます。

（被災者1）　判定にランクがあっていいんですか？　半分こわれたも、全部こわれたも皆、同じやないんですか？　家が半分こわれたのままで住めるんですか？

（役人）いぇ〜。すみません。判定結果がでるまでお待ちください。

（被災者１）いつまで待ちますの？

（役人）私にも分かりません。たくさんの人が手続きをしていらっしゃいますので、３ヶ月以上待って頂くことになると思います。

（被災者１）そんなアホな！　調査をしてランクづけし、あげくの果ては、義援金がもらえないこともあったりするんですか？

（役人）そういうこともあろうと思います。

（被災者１）何や、それ!?　人を何やと思ってんの！

（役人）ホンマ、すんません。私も悔しいです。でも、私も、人間なんです。神戸の人間なんです。

（被災者２）それは、分かるわ。でもな!?　あんただって痛みを感じ、その痛みどこに向けていいかを考えてみぃ。人を助けることが先決や。人は生きていてこそ人間なんや。その人間をどう救うか。それが区役所の仕事やろ！

（役人）私も、また二重の苦しみで生きています。家が全部こわされ、家のローン３０年残っています。それで、毎日、毎日、区役所に泊まって9時〜5時までいるんです。それは、朝の9時〜朝の5時までです。それでも時間が足らずにやっていているんです。皆さんは、どうしてほしいんですか？

（被災者3）　何でも個人としてはしたいんです。何でもやらしてもらいます。言うてください。
みんな、大変なんや。こんな時こそお互い助け合いや分かり合うことが大切やないか！　共に、被災した者同士は痛みが分かるもんや。

（音楽　〈野に咲く花のように〉）

（被災者4）　そやな、お互いさまや。がんばろうや！　がんばろう神戸や！
（被災者5）　みんなイライラいてねんな。すまんかった。
（役人）　いゃ〜。ぼくの方こそ、すんませんでした。失礼します。
（頭を下げる）

ナレーション（音楽を流す　〈空も飛べるはず〉）
私達は、人が「生きる」というテーマをこの劇を通して、また今までの学習を通して考えさせられました。それは、共に生きるって相手の痛みを自分の痛みとして感じることのできる想像力だと思います。

## 第3幕　震災点描　一人ひとりの語り

（ひとりずつ出ての語りとなる。発表したらその場に座る、全員の語りが終わったら起立をして礼）

（自衛隊員）

震災当日は、出動命令があっても、すぐには助けにはいけませんでした。ガレキの山、ガス爆発、火事、煙で一酸化炭素中毒にかかっている人もいれば、ガレキの下でうずくまっている人、中には、すでにお亡くなりになっている人がいました。

死体をみるたんびに、死体に泣き叫ぶ人、その横でケガをしうずくまっている人。その中で、生存者を先に救助するということが任務であったわけですが、すでにお亡くなりになった人の横を通りぬけていくということで、人の死というものをこうも軽くみていいのか、考えさせられました。

（消防隊員）

あの日は、風もなくおだやかな朝だった中での出来事でした。家は一瞬にしてくずれるものもあれば、ゆっくりと家の根元かズルズルとくずれていく家もありました。

私は、宿直で消防署の屋上から回りをみていました。街が見る見るうちに、火の海になっていくのが見えました。サイレンを鳴らし出発をしようにも、大きな道路はふさがれじゅうたいが続いて助けに行けないんです。
つまり、消防車が走れないんです。ホースが足らずまた、水がじゅうたいの車にホースごと押しつぶされた状態でした。水がでなかったのです。緊急車両は全国的にみて数が足りません。全国から救急車、消防車がかけつけてくれたことは、ありがたいことでした。
多摩ナンバー、京都ナンバー、練馬ナンバー、沖縄ナンバー色々です。ありがとうございました。

（看護士）

医者の数が足らず、全国からの医者のボランティアを呼びかけました。いかんせん、病院もつぶされ、患者さんを別の病院に搬送したりしました。震災で大きな傷や骨折、精神的なショックで、子どもたちは震災ショックがトラウマになっています。
それは、今でも心の傷が癒えてないという状態にあると思います。避難所では、時期が時期だけにインフルエンザが流行をし一人が風邪をひくと、それが隣の人に移るということです。また避難所は学校の体育館での生活になることから、風邪が、肺炎になる患者が多くでました。さながら避難所では野戦病院になっていました。

（医者）

（児童）　僕は家が焼け、家が全部なくなりました。だから、学校の体育館がお家でした。ダンボールを仕切りにしての生活が、半年続きました。まだ、僕は良い方です。避難所に入れない人は、公園のテントでの生活です。冬は寒いし、外の冷たい空気は、どうやってしのいでいるのかと思うと何か、涙がでてきます。

僕たちの避難所での生活は、子どもの学校に大人がきて生活をする中で、トラブルも起こったり、トイレに行きたいけど、飲むものをがまんしてトイレへいくのをできるだけ少なくしていることです。それもそのはず、体育館には、何百人という人が生活をし、トイレは数に限りがあるということです。

そして、何よりも学習したいけど、学習ができないということが辛いし、友だちとも遊べないというのが辛いです。

（役人）　市民の人からの苦情が、それはすさまじいものです。それは、充分、分かるし何とか市民の気持ちに応えようと頑張っているんやけど、なかなか理解されないことです。神戸市への日頃の不満がドットふきだしているの。それも分かる一方、市民の人と一体となった付き合いから見えてきたものがある。私自身も神戸の一市民ということであり、それなのに

（被災市民）

（ボランティア）

役人の仮面をかぶったままだということを気づかされました。

リュックサック、防塵マスク、ジャンパー、ジーパン、軍手、これらは当時の震災ルックです。ビルの撤去のためのコンクリートの粉塵が街全体を覆っていました。呼吸困難な状態で毒ガスマスクをつけているという感じでした。

みなさんは、地震がきたらどうしますか？　火を消しますか？　机の下にもぐりますか？　ドアを開けて避難経路を確保しますか？　そんなん、何もできませんでした。ド〜ンと音がして突き上げられ、天井からはメリメリという音、床はヒビが入り、どこにも逃げるという余裕はありませんでした。これが実感です。

起振車での震度を体験してみてください。何もできません。それが、阪神・淡路大震災です。

国分寺第七小で地震起こったら、この学校の耐震強度からして……。

震災から1年経ち2年経ってくると、仮設住宅に入居している者には、いつまで甘えているんだ！　という声が聞こえてきました。ボランティアは仮設住宅に弁当を届けにいくんです。そしたら、死んではったんです、お一人で。死後、５ヶ月が経過してはったんだそうです。

（学生）

仮設住宅は、自分が住んでいた街とは違うところに立てられ、仮設住宅は周りの住宅と全く違い、囲いこまれているのが常です。こう言っちゃ何ですが、収容所のような風景なのです。市民との関わりはなく、周りの市民が煙たく感じていたのも事実あるようです。

私は、亡くなられた方に謝りたいです。何のためのボランティアか、誰のためのボランティアか、考えさせられました。

私もまた、被災した者のひとりとして仮設住宅での死者の数が２００人を超えたということを深く、考えなあかんと思います。自殺です。また、今は、復興住宅という高層化マンションの集合住宅が建設され、ほとんどの人が入居されはります。

でも、仮設住宅で起こった自殺と同じように起こっています。しかも仮設住宅の時より自殺の数が多いです。

あぁ、そうそう。神戸はＵＣＣのコーヒーの街でもあるということで、震災の一ヶ月後に、喫茶店に行ったんです。でも、その喫茶店、どう考えても傾いたまま営業をしているんです。でも、神戸のコーヒーはおいしんです。店がゆがんだままの営業は何か、神戸っ子の強さを感じますね。店がゆがんだままの中で店の再開をして、コーヒーの香りの癒しの空間は、神戸が立ち直る思いを感じたもんです。

あぁ〜。それから神戸で大きな組織でボランティアをやったのは、山口さんです。兵庫県では有名でね、全国的にみても有名な方です。そう、あの山口組さんです。おぉ〜。これもって行け。怖い中年ではなしに、コワイチューネン。

（仮設住宅の入居者）

私は、長田区の長屋で暮らしていました。長田区はケミカルシューズという靴を作っている工場、在日の人々、ベトナムの人、中国の人等々、たくさんの人が住んでいました。そんな長田は神戸市の中で、大きな被害を受けたところです。

私は、西区の遠い、知らない場所の仮設住宅に住むようになりました。友だちは、ポートアイランドの仮設住宅に住むことが決まり喜んでいました。でも、ポートアイランドでの仮設住宅では、自殺者がでて周りの入居者は、不安を覚えていたと聞いています。

第一仮設住宅から第七仮設住宅までの中で、自治会のあるところ、自治会ができなかったところとでは、コミュニティができる出来ないという形となって表れ、しまいには、自殺者を出してしまうという結果になったそうです。

（市民１）あの震災から約１０年が過ぎ、色々なことがありました。酒鬼薔薇事件。台風の水害。尼崎の列車転覆事故。東京では震災と同じ年に地下鉄サリン事件。神戸の隣での明石では花火大会のときに将棋倒しという事故があった。これらのすべてにお悔やみ申しあげます。

（市民２）実は、震災では直接死、関連死、自殺という死があり、震災のもたらした人間の死への感情や尊厳を色々と考えさせられました。人が生き、死ぬということの意味って……。数だけの問題ではないと思います。６４３４の人が震災でお亡くなりになったという事実を数ではなしに、想像してみるということ。今、この劇で震災のことを表現しているという最中に被災をするということだってあるのです。ちなみに、この場にいらっしゃる方は○○人と聞いています。

（全員が起立をして礼をしてふた手に分かれる）

## 第４幕　避難所での生活とボランティア

（避難者夫）　いつまで、こんな体育館に住まなあかんの!? 夜は、寒いし、ストーブはつけようにも、火事になったらあかんて言うし。子どもが熱だしたらどうすんねん。

（避難者妻）　しゃ～ないやないの。こんな時は、お互いさまよ。子どもかて、分かってるんよ。但し、子どもにいちばん負担が大きいのも確かや。配給の弁当は、４日間サイクルで同じ弁当ばっかりやから、子どもには栄養バランスに欠けた弁当になっている。

（子ども）　お母ちゃん、あったかいお弁当、食べたい！ 遊びたい！ 友だちおらへんねん。外でも遊べへんねん。

（夫）　もう少しの辛抱じゃ。頑張ろう。

（妻）　そうや。辛抱や。もう少しだと思う。１ケ月は経っているんやけどあんた！ 市役所行って、義援金の手続きをしてきてや。

（夫）　そやな。市役所へ行って、何とか交渉にしてみるわ。やるしかない。

（夫、市役所に行く）

（リーダーボランティア）　じゃ～。佐々木くんは、バイクで市役所に行ってこのリストにあるのをもらってきて。

（ボランティア１）　「はい」、もらってきます。

（リーダー）あと、何か、気がついたことない？

（ボランティア2）そうですね!?　缶詰《かんづめ》等の食料がまだまだ不足しています。それに、寒い場所での風邪の流行に備えてね、マスク、薬などです。

（リーダー）医者のローテーションで巡回をお願いしてみよう。

（被災者1）体育館の裏に置いてあったシートの下、何かあるかみたで。たくさんの救援物資の山やったで。

（被災者2）あの山は、わざと置いてあるんか？

（リーダー）わざと置いてあるというのとは違いますが、救援物資が安定するまで待って、いざとなったら配給するもので置いてあります。

（ボランティア3）救援物資は、早く被災者に行き届くように配給しないと。

（ボランティア2）救援物資があるんだったら、早く、皆さんに配給せなあきませんやろ。

（リーダー）それは、その通りやけど……。

ちょっと考えみる。センターや市との調整をしてみるわ。

（ボランティア2）リーダーさん。僕ら何か他に何かすることないですか？

（被災者3）私ら、地元の自治会でこんな時こそ、役にたたせてもらわな。

（リーダー）ありがとうございます。

（ボランティア2）それやったら、私ら、何をすればいいんですか？　皆さんのお手伝いだけでいいんですか？　そんなの……ねぇ。

（ボランティア3）（学生1）　僕たち東京から来てるんです。あの震災のニュースを見て、何かしようと思い、きました。

（ボランティア4）（学生2）　僕も東京からきました。僕は、あのニュースを見て、人ごとのように思っていました。この神戸にきて自分が情けなくて、神戸で起こっている地震は、こんなにも街の人たちの人生を変えているんだということが分かりました。

（被災者4）　それは、ありがたい言葉や。ほんまありがたい！

（リーダー）　今日のトイレ掃除は、どなたですか？

（ボランティア1）　（舞台の端から入ってくる）私です。あぁ～。リーダー、リストにのっているもの全部もろってきましたよ。

（リーダー）　それは、ありがたいなぁ。市は全部出してくれたんやな。

（ボランティア1）　色々、他の地域との兼ね合いもあって時間がかかってしまったんやけど、全部リストにかいてあったものをもろってきました。

（リーダー）　それと、体育館の裏にある救援物資なぁ。

（ボランティア1）　あれも、各避難所の判断でまかなっていいと、言いてはりました。

（リーダー）　それは、被災者の人が救われる。何とか安心や。

（ボランティア1）　トイレの掃除をせなあかん。

（ボランティア4）　あぁ〜。あれは被災者の皆さんでやって頂くことになりました。

（リーダー）　誰が決めたんや⁉

（ボランティア4）　それは、3、4人のおばさんが、私らがやりますって。トイレが汚いから、私らがやりますって。

（被災者の妻）　私も体育館のトイレ、掃除しに行こう。

（ボランティア3）　この動きが大切なんだよね。でも、実際に、ボランティアと被災者との役割を決めてやらないと、まずいなぁ。

（リーダー）　いや〜。いいこと言ってくれたなぁ。被災者の人もまた、勿論、避難所で何もしないということには、ならない。かと言って、ボランティアがこれ、あれと指示を出すものではない。だから、お互いがやれることを、話し合いで決めていくことって大事なんやなぁ。

（ボランティア3）　いいことを聞きました。ボランティアと被災者の共生を探るということですね。

（リーダー）　その通りや。

（リーダー）　おいおい、君ら！　何しとんねん。

（ボランティア5）何がですか？

（リーダー）何で、こんなところで酒飲んでんねん。

（ボランティア5）僕ら、お互い、全国から来て知らないもの同士やから。なので、酒でも飲んで交流していたんですよ。

（リーダー）それは、やめてくれ。

（ボランティア5）どうしてですか？

（リーダー）ここにきている人たちは、被災をしている人たちや。飲みたくても飲まれへんねん。それは、みんな飲みたいと思っていると思う。それはなぁ、ひとりが飲むと全体にまで影響がでてくるということを被災者の人は、分かっているねん。

（ボランティア5）……。

（リーダー）ボランティアでかけつけてくれて、ありがたいけど。君らには、帰る家がある。中には、家がつぶれて帰るところがない人がここに来てはるねん。オレも家がつぶれてしもうた。その辺。分かってくれよ。僕らなぁ、街、歩くだけで涙が自然に出てくるねんなぁ。こんな話をしているだけで、涙がでてくるんよ。

（ボランティア5）分かりました。すみませんでした。

（リーダー）　ついでに、言うことがあるんやけど。車の中で寝るのやめてくれへんか⁉　ボランティアは4年1組、4年2組の教室に泊まってもらうようお願いしていたはずや。

（ボランティア6）　でも、すごく寒いですから。

（リーダー）　寒いのは、オレら被災者もや。

（ボランティア6）　（あとずさり）

（リーダー）　ごめんなぁ。（自分を落ち着かせ）車は排気ガスがでるでしょう。子どももいるっていうことを考えてみてくれ。

（ボランティア6）　……。

（ボランティア3）　分かりました。色々なことが分かったような気がします。ボランティアというものを僕らとしても考えてみたいと思います。そやろ！（ボランティア全員にさとす）

（ボランティア1）　現地ではな、人がピリピリしてんねん。それもそのはず。被災したものだけが、被災したものの状況が分かるねん。

ボランティアは、一時の関わりで帰れる家がある。現地は、そうは、いかへんねん。支援される者から見てボランティアはありがたいとは思う。しかし、気持ちのすれ違いがどこかにあるねん。

（ボランティア1）　それをボランティアが関わり方として考えていかなぁ。あかんねん。わかるやろ。


ナレーション　これで、私たちの「阪神・淡路大震災を問う」を終わります。この阪神・淡路大震災を知識としてではなく、生きた生の感覚として体験できたことは、震災の記憶がずっと残っていくと思います。

私たち4年生は、震災当時は、生まれてはいなかったけれど、11年前に実際にこの日本で起こったこととして神戸のことを、忘れないでおきたいと思います。

戦争のこと、空襲のこと、被爆のこと、皆、いっしょな風景と思えてなりません。

11年前と言えば、私たちが生まれるほんのちょっと前のことです。私たちは、決して忘れてはならない日ということで、1995・1・17を記憶に刻みます。

地震は、いつやってくるか分かりません。「助け合っていこうや神戸！」は助け合って行こうや人間だから」と考え「人が生きる」ということとの意味を問い続けて生きたいと思います。
観客の方といっしょになって芝居ができたことを喜びたいと思います。
今日は、ありがとうございました。

（音楽）

終幕　一人ひとりの考えたこと、この芝居から見えてきたものを感想や意見として、何人かが発表。
発表し終わったら、全員、並んでエンディング（音楽の音、大きく）
一同、礼をしておわり。

# 第八章　演劇表現を通して子どもたちに何を学ばせるか

稲むらの火と東日本大震災の台本の中には、「緊急、緊急のお願いです。高台に避難してください。」という台詞がある。実話に基づいたフィクションとして綴ったものである。１０メートル以上の津波が押し寄せて人々の当時の避難したときの生の様子を綴っている。

恐ろしさを引き受け、自らのいのちと引き換えに多くの住民のいのちを救った。この事実を地元は忘れないであろうし、伝説の熱い言葉、いのちがけの言葉でメッセージを発信していた。怖いのは、このことさえ忘れてしまう。消費する都会に暮らす人々は既に過去のこと。また、そのことを知らないでいるという現実がある。意識の温度差が著しく、あまりにも痛々しい。

故に、この一コマはいのちを扱ううえで大切だと考えた。

これは子どもたち自身がいのちとは何かを問い、いのちのメッセージ（いのちがけの言葉）を発信する生のエネルギーを感じさせていくシーンである。生きる魂がある。亡くなった人々の魂がある。双方の魂が交錯し、今日に生かされたメッセージでなければならない。震災後にまたこのシーンを通して考えなくてはならない。それは……。

忘れそうな風景、忘れてしまいたい風景というように様々な風景から感じ受けるものがある。そして、忘れてはいけない風景がある。

人々が必死に生きるために避難したあの風景。死と隣り合わせの風景は忘れることができない風景である。死を否がおうにも意識せざるを得ない。人々の心情は想像を絶する風景であったに違いない。怖さのハードルを超えたものだけが知る体験であろう。

助かった人々の安堵感もまた、いのちの存在を意識するうえで、いのちのありがたさとして、いのちの存在そのものと向き合うことで、いのちがあることの意味をかみしめたに違いない。

瓦礫の下のいのちも、海の底にあるいのちも行方不明と一括りにしてしまう。それは、ここの下に眠っている魂のメッセージを死者の魂として深く受け止める鎮魂の想いでいなければならない。瓦礫の下のいのち、海の底に眠っているいのちが私たちにメッセージを発信している魂の叫びである。

## 「津波てんでんこ」と碑

かつて語られてきたこの下に家を建てるなという言い伝えは、明治の大津波以降に碑を建て津波の怖さを知る道標としているのである。それは、峠の途中まで津波が来た証左である。

碑の存在はよく見ないと見えない崖に建っていたりする。かつては人の目にとまる形で建っていたものが、歴史の風雪に耐えて何とか人々に知らせていくいのちのメッセージとして碑が存在し続けたことを今日に伝えている。

しかし、碑の存在は、いつしかどこかに忘れてしまっていた。地域差はあるものの高台が近場にあれば、村人は自ずと高台に避難をする風習がある。

一方、高台が遠くにある地域は車で避難したり右往左往せざるを得ない。津波が坂を上っていても人々は近くまで津波を見ていたのである。津波は時速800キロメートルの力をもってやってきている。

「津波てんでんこ」は、一人ひとりが、てんでんばらばらに逃げるということである。

この言い伝えは人々の気遣いをしてないのではなく、まず自分のいのちを守る。ぐずぐずしていると津波にのみ込まれてしまうことを人々は生きる知恵として後生に伝えてきている。「津波てんでんこ」は人へのいのちのメッセージを発信している碑である。

しかし、3・11の津波には人々をしてまさかという気持ちでいた風景が何度も現出した。故に、「緊急、緊急のお願いです。」「津波が来ています」「高台に逃げてください」というのを安易な言葉では伝えてはない。人々のいのちを心配して魂からの叫びであった。

だからこそ、このいのちのメッセージが人々に避難を呼びかけるシーンを台詞にいれ込んで、いのちのメッセージとしたものである。

歴史の教訓はこのことさえ忘却の彼方に追いやるということであろうか……。

もちろん、「津波てんでんこ」は地域においては今も現前にある歴史のリアルとして受け止めている地域もあるのは言うまでもない。

歴史の教訓を現代に生かすとは、歴史の事実として明治、昭和、平成と三陸地震がもたらした津波は60年から70年に一度大津波として日本にやってきている事実があるからである。

宮沢賢治が生まれた年と宮沢賢治が亡くなった年に津波がやってきている。宮沢賢治は津波のことをほとんど語っていない。災害の物語として綴るスタンスが文献にはないのが不思議である。生まれた年、亡くなった年の大津波は東北が土地が痩せ飢饉に喘いでいた時代と重なる。宮沢賢治は鉱石、土地の性質を捉えた方向で農の世界を心配していた、生活苦が東北全般に至っていたということの重みが優先していたものと思われる。

被災地に行ってみると岩手は津波のこと、福島は原発事故のことで東京を中心とする首都圏では原発事故のことが語られることで福島のことを前面に掲げる運動がある。

災害の物語として考えたとき、津波、原発事故とも同じ災害である。

しかし、土地の災害の様子からそれぞれの地政学がそうさせているのであれば、福島だけを形ではなく、岩手を忘れないということも含め考えなくてはならない。

岩手にも放射性物質は風向きで来ている。福島には帰れない土地がある。様々な災害の後遺症が共通した形で土地の空白地帯ができてしまった。住める状態にするために努力をしているもののままならない。それだけの災害を受けてしまったことを共通した形で捉え、津波、原発事故と分けて語るものではないという問題である。地域の置かれた地理的問題があっても、ここにアクティブラーニングの視点で考えていくと災害の後遺症を克服するために、できることを行っている。太平洋側の景観克服と津波対策も含めたグリーンベルト地帯を創る。農業の再生のために企業の農業進出などバイオの農業を行っている。様々な試みが始まって復興の道筋を付けようとしている。

しかし、高台で住宅と街を創り出すというのは、まだかさ上げ工事がまだ進んでないところもあり街の再生と人の復興は未分化である。東京オリンピック・パラリンピックで震災は過去のものであった。首都圏に住む人々もまた遠い過去にどこかでしてしまっているとすれば、こんなに私のようにこだわり綴ってはない。

故に、ポスト震災の生をどう共有していくのかという視点で捉えていかなくては復興の過程に意味をもたせることにはならない。まだ復興の途中のままである。復興とは言いがたい風景の数々に唖然とする。１０年が経とうとしている今、人の存在が見えない地域がある。人が行き来してこそ街となり営みとなる。そして、温もりとなるものである。

街の再生と人の再生が復興の道筋をどういう形ですすめていくのか、仙台などの都会は復興も早い。漁業関係、農業関係の営みが、またそこから人々の生活の再生を自力で行う漁業組合、農業組合としての相互扶助とさらに当事者が再生できるための後押しがどうしても必要な分、そこで生きてきた生業は生業でしか生きられない。その心意気が人々の当事者の生き様である。

見えない放射線量の高さとの闘いは、一方では消費者への恩返しであると同時に、消費者自身は身の安全を意識した消費選別者でもある。生きていくための安全な食べものとして選ぶ権利がある。生産者としてのチェック、消費者としてのチェックは双方が欠かせない。

それは長い年月をかけて未だ推し進めなくてはならない作業である。

原発事故のつけがこのように生業を奪ってしまう中での再生作業という生き様に、日本の生きるいのちのメッセージをここでも感じる。

戦争で原子力爆弾が投下されたことと同じように原発事故のもたらした惨状は言葉に言い表せない凄まじいものである。戦争の風景としてさえある。

折しもローマ教皇が日本を38年ぶりに訪問している最中で考えなくてはならないのが、ヒロシマ、ナガサキの原子力爆弾投下である。ローマ教皇は戦争目的で使用されたことに強い懸念と神から罰せられると警告を発している。その意思をしっかりと世界に発信している。

これは、3・11での福島第一原発事故がもたらした放射能汚染を地球規模に拡散させたことに対する警告として感じられる。ノーモアフクシマを私たちが考えていくことが、如何に大切かという問題である。いのちのメッセージとして私たち自身が過去の過ちと被爆した国として、他国からの原爆の犠牲で戦争が終わったこと。戦争後の惨状は正しく「戦争の風景」が瓦礫の風景として、一方で人々が津波に流されていく平和の中の惨状も戦争のリアルと重なる。これらを体験した国として私たちが、国が、やらなければにならないというのは戦争のリアルから平和のリアルを作り出すことである。

これらは、子どもたちに戦争のリアルは分かるけど、平和のリアルというのは何だろうという問いを発して別の授業で行った。戦争のリアルをたくさん書かせ、平和のリアルとして考えられることも同時に書かせて双方から見えてきたこと、考えたこと、考えさせられたことを発表し、そのうえで、どういう社会にすることが平和になるのか、それは戦争をさせない力になるのかの問題意識として考えさせた。

これらは4年生以上の学年で行うことが多い。

最終的に考えていかなくてはならないことは、戦争の風景と震災後の風景は同じ風景であるということ。悲惨さと悲しみの葬列がそこにはあるということ。

悲しみの葬列に深く、心を痛め人が生きる意味や人が人らしく生きるためにという問題意識を培う教育を施していくこと。

ポスト震災の生と戦後の生きるということは、誰しも同じ体験をし身をすり寄せながら心の痛みと、何もかも失ったものとの共通項があった。これは共通体験の原体験があるからこそ人としてつながれる。戦争や原発事故は人災である。人が起こす。原発は、夢を描いて、夢の科学という触れ込みで人工的に作った、産物である。もう一つの産物とは、五族協和、他国からの解放を名目に侵略した戦争で原爆を落とされ焦土となった風景である。正しく戦争がもたらした産物であった。

原発から出る副産物としてのプルトニウムやセシウム１３７に象徴されている放射性物質が地震の後の惨劇という風景を作り出した。

この問題意識は道徳の授業で学校公開で行った。この授業が始まるや否や、たくさんの保護者の参加者で教室はいっぱいになった。子どもたちには、平和のリアルと戦争のリアル、そして、震災後の原発の事故を引きつけで考えてもらう意図で授業を行った。

しかし、原発の事故としての風景と戦争の風景が同じ風景に見えるというのは理解できたものの、現実の重みがあるものとして、人が戦争で亡くなるという意識が強くあり、原発事故とひきつけて考えさせる場面には行かなかった。幾分、ハードルが高かった。4年生であることもある。しかし、私とすればことある度に原発と戦争という関係性を意識させてきた経緯があった分、何とか意見を結び合わせて自分なりに問題の意味は捉えてはくれたものの話し合いになると戦争、平和というテーマに自然とシフトした意見が多く出る形となった。

子どもたちのリアルはそこにあったと考えられた。決して意味がないということではない。それは、戦争のリアルと平和のリアルを考えて、意見として出やすい戦争のリアルとは、普通の喧嘩ではなく、いのちを奪うというはっきりとした行為がそこにはあるということだった。人が起こすこと、何故、戦争を起こすのか⁉

そこの問題が自然と形づくられたたくさんの意見がでた。

## 戦争のリアルとは何か

①人の殺し合い　②土地の奪い合い　③戦争の被害者がでて、戦争の巻き添えに合う　④いのちの使い方が違う（いのちの使い方は以前に道徳の授業でも行ったことがあり自然とでた意見である。）

⑤家族がいなくなる　⑥家が爆弾でなくなる　⑦少年も戦争にいくことになった　⑧遊べない

⑨国語の授業の「ひとつの花」という単元で行った、ゆみ子という女の子をイメージし、食べ物がなくなる（母が一つだけ、一つだけと言い聞かせたもので、おにぎりを食べるにしても米は配給になり炊いたごはんは滅多に食べることができなかった時代を思い出していた発言……ゆみ子はおにぎりのことを「おじぎり、おじぎり」と何度なく言っていたことを思い出しての発言）

⑩その時代に生まれてなくてよかった。（この発言を扱い新たな問題意識を考えさせていくことになる）

その他の発言もあったが紹介する代表的なものがこれらのものであった。

4年生　群読

# 戦争と平和

4の（　）　名前（　　　　　　）

序章

①2018年（平成30年）の夏　平成最期の夏です。
②戦争が終わって、73年。これを戦後73年と言う。
③私たちが生まれるずっと、ずう〜っと生まれる前の話を聞いたことがありますか？
④ゆたか先生は、忘れてはならない日があるということを、いつもメッセージだよ。
⑤忘れることではないよ。いや、知っていないとならないという日だからと授業で様々なことをして私たちに教えてくれました。
⑥教えてくださいました。でしょ⁉
⑦そうだね。私たちが、大人になって知るというより、歴史としてあったこと。事実としてあったことを通して考えなくてはならないと思います。

## 【日本の戦争がもたらしたもの】

⑧日本が戦争をしていたというのは、私たちが身近に知っている限り、人が死ぬ。自分が死ぬ。家族との別れ。生きて帰れるかの不安。

⑨戦後という言い方以前から戦争が実はあったということを知りました。

⑩日清、日露、第一次世界大戦、満州事変、日中戦争、第二次世界大戦、太平洋戦争。

⑪すごい長く日本は戦争をしていたのだと思います。

⑫ゆたか先生が言う

忘れてはならないこと。忘れてはならない日。

⑬それは、１９４５年８月６日、９日。１５日。

６日　ヒロシマ　９日　ナガサキ　１５日　戦争終結。

そして、太平洋戦争が始まった日は、１２月８日。意外と伝わっていないようです。

⑭それと、１９４５年３月１０日。東京大空襲。

東京都民が知っておかなくてはならないと思います。

そして、私たちの町の立川でも砂川空襲がありました。

９０歳代のおじいさん、おばあさんが当時の様子を体験されていらっしゃいます。

そして、この立川にいらっしゃいます。

⑮これらの日は、戦争に関わる日で忘れてはならない日ということです。
⑯8月6日は、ヒロシマに原爆が落とされた日で、ヒロシマは火の海となり、町は焼きつき、人が人とも思われない状態になりました。
⑰一瞬にして、10万人の人々が亡くなった日でもあります。町は、焼け野原となり、人々は逃げ惑い、泣き叫び、皮膚はただれ、髪の毛も抜け落ちていく。
⑱人の姿が道路に影として残る。来ている着物の後が、皮膚に残る。熱線で人の皮膚がケロイド状になり皮膚が一つひとつ落ちていきました。
⑲町は焦土となり、焦土というのは何もかも姿、形がなくなり焼き尽くされていったということです。
⑳今でも、原爆後遺症にかかっている方がいらっしゃいます。
㉑長崎では、8月9日に原爆が落とされ7万人の人々が一瞬にして亡くなっていらっしゃいます。
㉒ヒロシマ、ナガサキとわずか三日間で焼きつくされたということです。
㉓でも、何故、原爆という人類の殺人兵器、いや殺人爆弾を落とさなくてはならなかったのでしょうか!?

【ヒロシマ、ナガサキの惨状】
～ヒロシマ、ナガサキの当時の様子～

㉔妹「お兄ちゃん、あれ何？」
㉕兄「えっ」「あれアメリカの戦闘機じゃないか⁉」
「防空壕に入る放送は何も言ってないけどなぁ」
㉖妹「お兄ちゃん、何か黒いものが落ちてくる」「なんなん？」
㉗兄「アメリカのＢ２９の爆撃機だぁ」
㉘「わぁ～」「わぁ～」
㉙子どもも大人も熱線を浴びて「熱い、熱い」「痛い、痛い」「水、水はどこ」と言いながら川に飛び込んだそうです。
㉚飛び込んだ川に身を投げる人々は、体の熱さを冷やそうと飛び込んだのです。
㉛飛び込んだ川は……人々の遺体に変わりました。
……間を開ける……
㉜一発の原爆でヒロシマ、ナガサキの町は一瞬にして、吹き飛んだかのような状況だったそうです。今までの生活が一変し、平和の生活が吹き飛びました。
㉝見慣れた風景。見慣れた町。自分の家。家族。友達がなくなりました。居なくなりました。やがて、自分のいのちも……。
㉞今まで過ごしてきたもの全部がなくなる。今までのあたりまえの風景。あたりまえの生活。あ

たりまえの平和。根こそぎなくなるって一体、なんなんでしょう!?
㉟私は、(ぼくは)平和というものを意識していなかったんだけど、風景一つひとつが平和の良さ、ありがたさ、あたりまえの生活そのものが平和なんだということを感じることができました。

【戦争当時の砂川空襲と立川周辺の様子】


㊱戦争でヒロシマ、ナガサキに原爆が落とされ、日本と世界、日本とアメリカの関係がどうだったかを何か考えていくきっかけになったように思います。

㊲なぜ、日本は戦争しなければならなかったのでしょう?

戦争は人のいのちを奪います。戦争は人の関係を引き裂きます。

㊳このことを深く考えてみたいと思います。

自学、その他の調べ学習を通して知っておかなくてはならないことをしっかり関わりたいと思います。そして、戦争のこと。平和のことに向き合うことをしたいと思います。

㊴立川の砂川空襲のことを加えていきます。

９０歳代のおじいさん、おばあさんが子どもころに砂川空襲を体験され、防空壕の中に入るにも７人が定員で足、顔を出さざるを得ない。

㊵砂川七番の地主さんの雑木林に日本の戦闘機を隠すこともされました。アメリカのＢ２９に見

つからないためです。しかも、日本の戦闘機はすでにエンジンはありません。

㊶立川八小は立川で爆撃を受けたところです。二宮金次郎像の腕が吹き飛び、隣には戦争の碑があります。

当時は国民学校と言っていました。とても、大きな学校でした。

㊷とても、大きいその国民学校の土台が今でも残っています。住宅の庭先、玄関のところに不自然に住宅の前にずっと残されています。国民学校の理科室があったところです。この土台が戦争時の学校の校舎を支えていました。

㊸また、私たちの立川と言えば、玉川上水があります。

㊹また、玉川上水駅から歩いて10分のところに昔の日立航空機の変電所があります。玉川上水駅の近くのところです。巨石でがけくずれをふせいでいます。

清右衛門、しょう右衛門が作った玉川上水にも砲弾の後があります。

㊺今は、東大和市になっていて南公園の敷地内にあります。

市民の皆さんが保存をする運動をし、昔の日立航空機の変電所が残されています。

㊻生々しい、砲弾の後が残って慰霊碑も建てられています。

中にも砲弾が撃ち込まれ、戦争のすさまじさを感じると、ゆたか先生はおっしゃっていました。

## 【戦争と平和の関係を考える】

㊼私たちは、戦争のことをあまり知らないで過ごしてきました。

戦争は、何故起きるのか。何故、起こすのか。人が全部戦争を引き起こし、平和も人が作るということです。

㊽日野原重明さんが言っていた、けんかは仲直りができる。仲直りができないケンカが戦争であるとおっしゃっていました。

平和はまっすぐな線で凹凸がありません。戦争は線で描くと山、谷が戦争です。

㊾私たちは、戦争という悲しい出来事にあわないように努力をし、平和とは何か、戦争と平和の関係を、さらに6年生までのところでしっかり学んでおきたいと思います。

㊿戦争のリアルと平和のリアル。
(51)戦争のリアルは分かるけど、平和のリアルって何かなぁ〜。
(52)それを考えていきたいと思います。
(53)「戦後」と言われることをずっと言い続けられるようにしたいと思います。
(54)「戦後の平和」が戦争になったら「戦時中」に言い方が変わる。
戦争になったらものが言えなくなる。特高警察が昔のように幅をきかす時代にはなってほしくない。
(55)平和は他人ごとではなく、自分ごとにして平和を創る。平和って何？　から考えていけば見えてくる。

㊻イメージマップで平和をキーワードにする形で、平和に関わるキーワードから平和でいることがいかに大切かを見いだしていく。

㊼戦争は静かに、いつのまにか始まっていたというようにならないために。

㊽ゆたか先生が、歴史認識という言葉を言っていた。いや、おっしゃっていた。歴史認識って、相手との関係で歴史を捉えること。相手国との関係で共通した考えと違う考えを付き合わせし、正すことは正す。捉え方の違いを超えてお互いの歴史観を創るというのが歴史認識だとおっしゃっていた。

㊾むずかしいなぁ。

㊿簡単に言うと、歴史で起こった善し悪しをはっきりさせる。そういうこと。

(61)そんなんだ。そうか⁉

(62)歴史を創るということ。それは、自分たちで戦争のことが分かり、平和のことを語り平和でいる社会を創ることなんだね。

(63)そうです!!!（全員）

(64)ヒロシマのある私たちの国、ナガサキのある私たちの国。悲劇があった私たちの日本の国を、二度と戦争が起こらない国。させてはならない国にしていきましょう。

……「ヒロシマのある国で」を歌う……
㉟これで戦争と平和を考える群読劇を終わります。
㊱「ありがとうございました。」
㊲全員　「ありがとうございました。」……礼（1、2で礼をし3でもとにもどる）

## 平和のリアルとは何か

①普通の暮らしができる　②普通とは何かということになり、普通ということを話し合った。後半で深めた意見として紹介したい。　③家族と居られる
④学校に行ける　⑤友だちと遊べる　⑥食べ物がある　⑦殺し合いはない
⑧勉強や遊びができる　⑨街や町がある　⑩好きなことができる
⑪いろいろなところに行ける等の意見がでた

全国から寄せられた被災地へのメッセージを紹介(釜石)

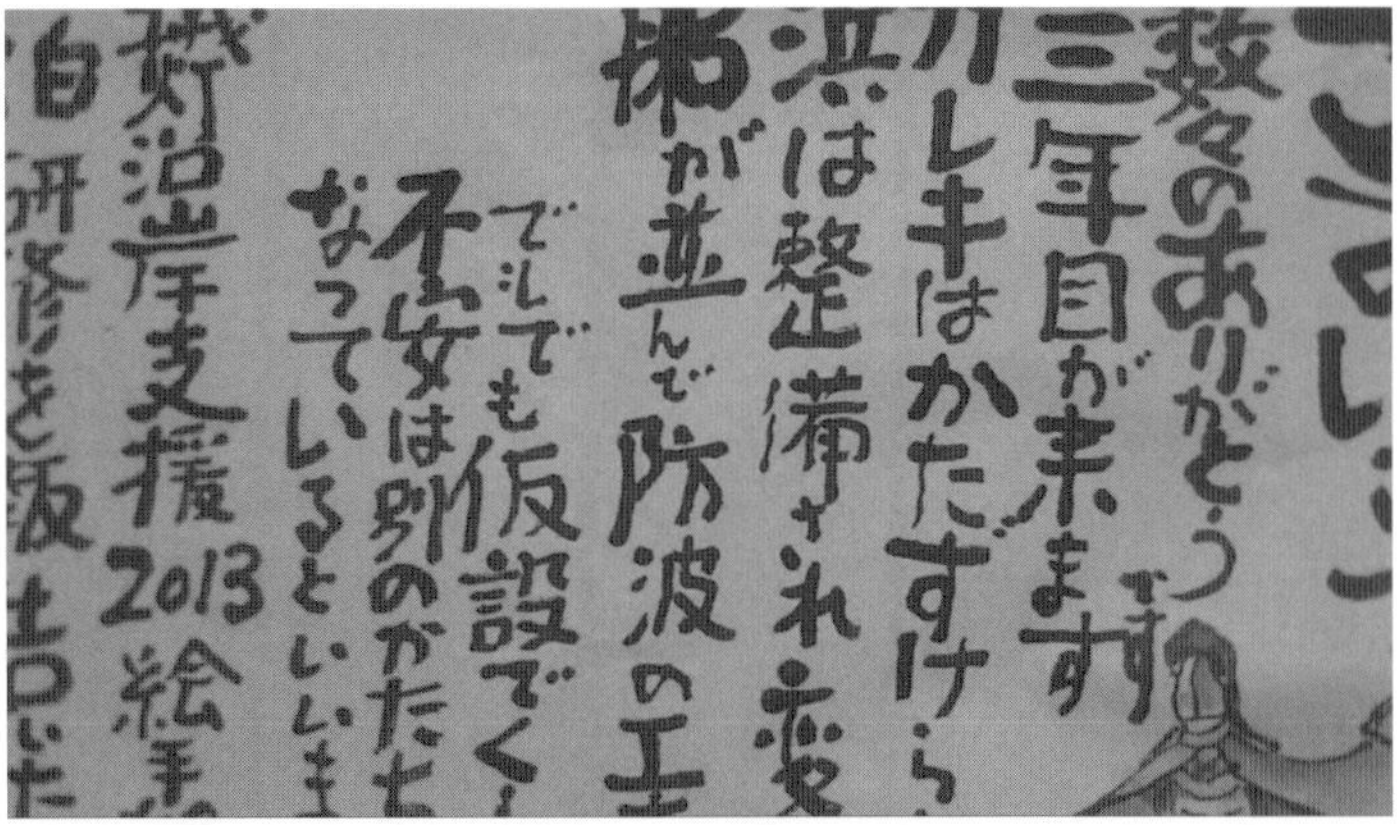

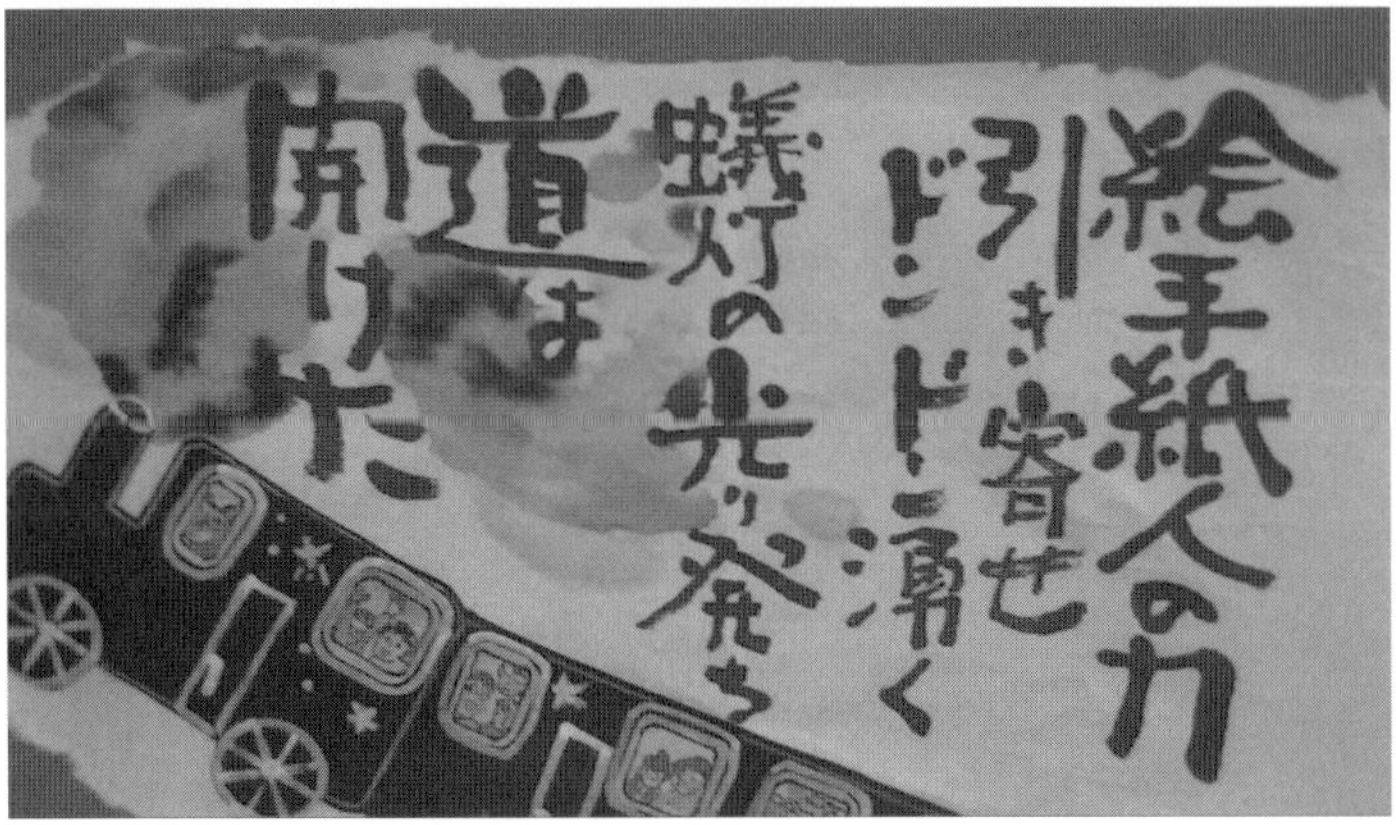


花巻駅の構内で震災から三年目の励ましのアピール、絵手紙でアピール

釜石の港から津波が押し寄せ住宅が全壊した

釜石の港の入り江の向こうに損壊した防潮堤が見える

釜石港の湾内の損壊した防潮堤の工事、機材が持ち込まれている現場

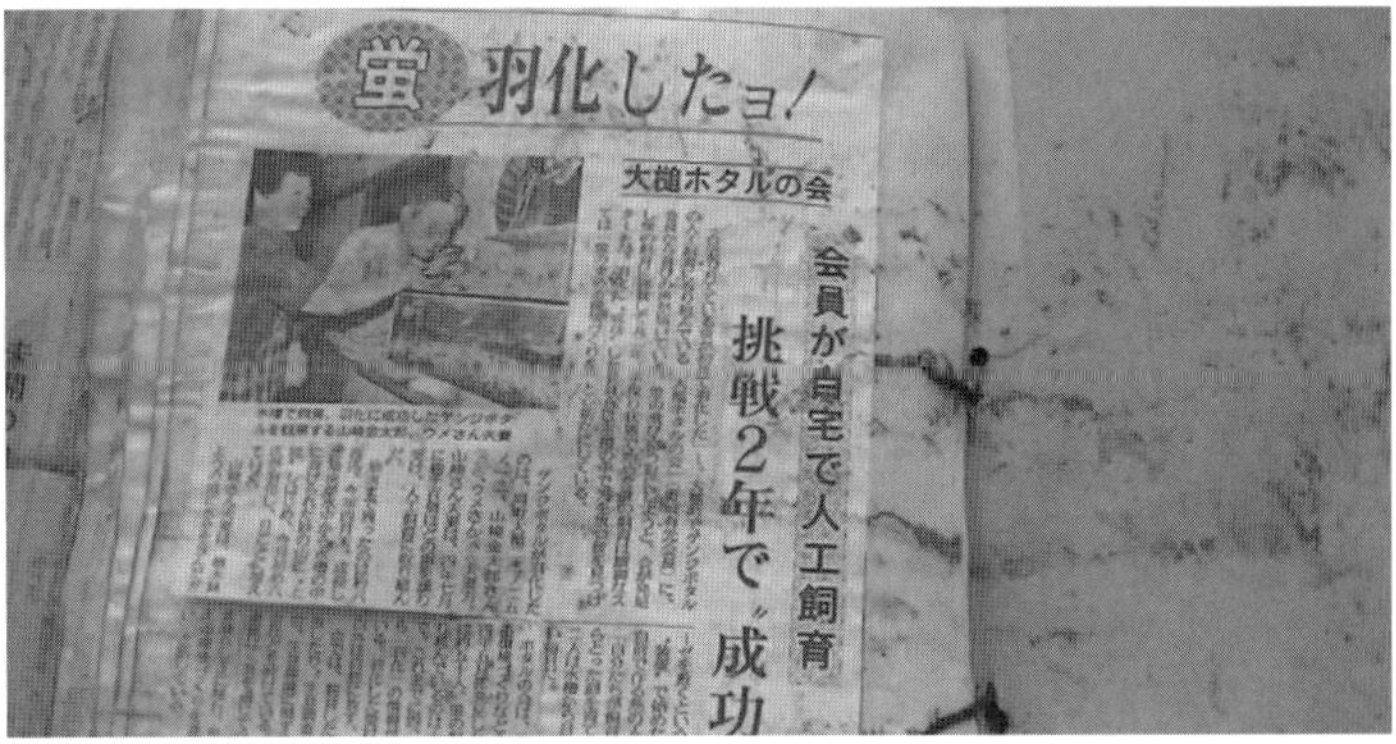


泥まみれになったスクラップをきれいにファイルし直す

岩手県岩泉町の仮設の商店街、集落から離れたところにある

仮設住宅、田んぼの中に建設されている

仮設住宅での生活が続く

岩手県岩泉町立小本小学校大牛分校の案内 ( 小本小学校はここから車でさらに約 2km)

岩手県岩泉町立小本小学校、ここは高台にあり小本小学校の児童はスクールバスで登校

岩泉町役場復興課の建物

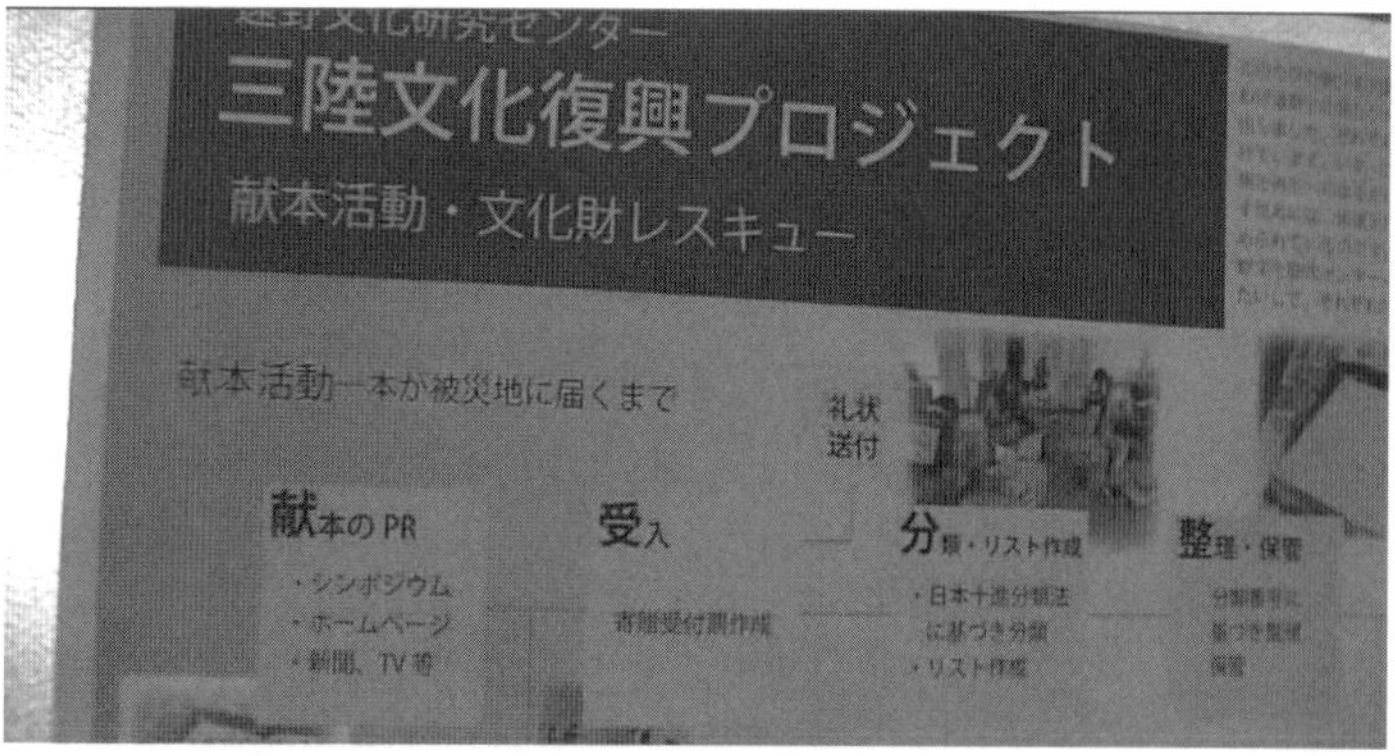


遠野まごころネットが行っている三陸文化財レスキュー

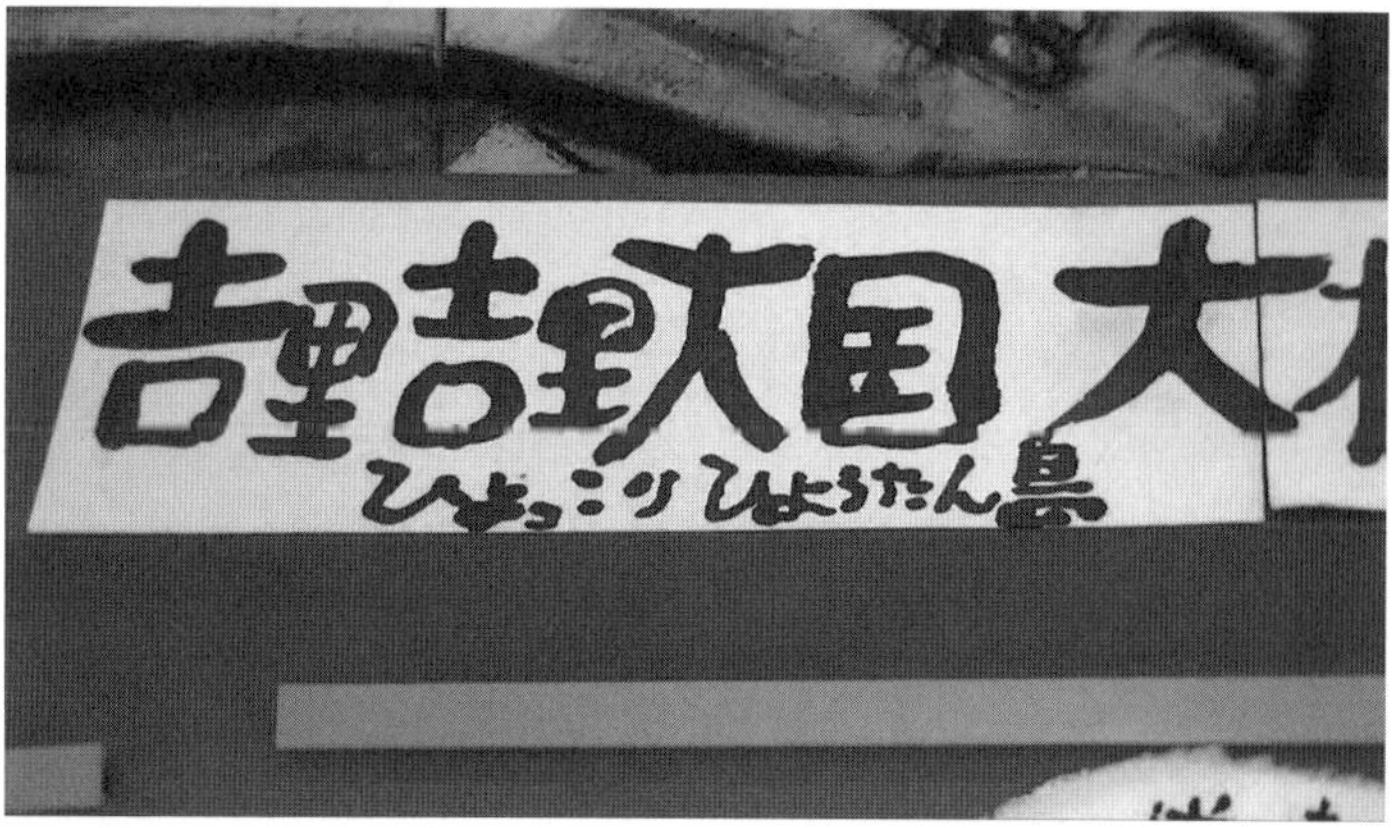


花巻駅構内で大槌町のことを紹介、吉里吉里人は井上ひさしの著書で紹介されている

②の普通の生活とは、「稲むらの火と東日本大震災」の台本にもあることで、生きる意味を考えられるということ。生きることは自分が自分らしく生きること。それも平和。自分の将来を想うことがイメージとしてある。

戦争のリアルでは将来とか、今の生きる自分を見つめるということが暗くなり、いのちの危機を感じるのがそれであり、平和のリアルはいのちの危機を感じないということであった。

ここで、普通の生活とは何気ない家族の会話であったり、友だちと遊んだりすること、人と人がつながりながら生きる意味を考え、未来を形づくることのできる力ということであった。

ここで、出た意見を学校公開の後日、道徳の授業として、または特別活動の学級会の話し合いとしても意見を出しあった。

戦争のリアルと平和のリアルの地続きとして原発事故や津波、風評被害、さらに風化被害ということと照らし合わせることができないか⁉

風景は戦争の風景と原発事故の風景は似ている。また、戦争がもたらした悲劇、原発事故がもたらした悲劇、共に人工的な災害、原発は電気を送り出すこと、でも放射性物質を拡散してしまう。戦争で使われた原爆のプルトニウムは原発から作り出される副産物から生まれたものと同じである。

これは親御さんが知っていたという子どもから出た意見でもあった。

意識の高い親御さんで、平和のキャンドルのお願いということで私に相談に来られた。無理ではないものの協力できる子がいたら被災地の人々に励ましのメッセージをお願いしたい、カードは全部用意しますということで、クラスで取り組むことで全員が参加しメッセージを書き綴った。それを被災地の平和のキャンドルとして送りたいということであった。

原発事故での風評被害は農産物、漁業関係にも影響を与えた。さらに、8年から9年と経てば被災地はそうではないが非被災地は忘れてしまっている。

これは風評被害というより風化被害として忘れてしまう、忘れられてしまう被災地。

ここに歴史の教訓化という意識を人々の中にインプットしておくことがこころのもちようとして必要になってくる。

忘れてしまうこともあるが、忘れてはいけない事柄は、戦争のこと、地震、津波、原発事故、風評被害、風化被害にさせない歴史の教訓である。

戦争世代は既に2割を切り、震災による阪神・淡路大震災、東日本大震災は地元市民だけが歴史の記憶としてひきうけている。もちろん当時のことを経験して阪神・淡路大震災での様子を忘れないように歴史の教訓として神戸を支えた人々が、今は地元の神戸の住民となってNPO法人を続け被災地支援と町の復興のための仕事に携わっている人々もいる。また、東日本大震災のまた、ボランティア支援を続けている人々を引き受け町の再生に向けて動いているNPO法人のスタッフの方々がいる。それは、記憶の継承と町の活性化、復興の道筋に参画して生きる方々の姿である。

要は、被災地への眼差しと被災地への向き合う視点の問題である。

演劇を通して考えたこと、台本作り、演劇表現は被災地へのいのちのメッセージを発信していく手立てとして非被災地の側が学んでこそ本当の支援になるということ。支援するうえでの演劇表現であった。

翻って、私たちの日常に関わる様々な出来事や事柄は人としてどう考えるか、人としてどう生きるか。すべからく出来事に翻弄されながらも、その出来事の意味を捉えて社会的事象のもたらしている中身を社会からの問いかけとして捉えていく。

また、社会への問いかけも私たちに問われてくるということ。ここの視点が被災地との関係を考えたときに大切な視点となってくると思われる。

「今の今は今しかない」「今から、ここから」「できることを、できるところから」そんな言葉がイメージとして浮かび上がってくる。それは、同時に「いのちのメッセージ」を内に含めたものである。

この「いのちのメッセージ」が読者に、また、若手の教員、現役世代の教員、将来教員になりたいという教員予備軍の人々、演劇関係に携わっている人々、生きることの意味や人がつながっていくことで何が創造できるかなどを考えていく人々に対してのメッセージでもある。

非被災地から何ができるか、何を伝えないといけないかを拙い内容ではあるものの綴ることで何か感じたり考えたりする。そこから生まれるものを大切にしたいという想いで綴ったものである。

何かの参考になれば幸いである。

# いろいろな防災―生活に生かす防災たいさく

## いろいろな防災
## ～生活に活かす防災たいさく～

3年（　　　）組

名前（　　　　　　　　）

1、お家で出来る防災
①本だなは、とめがねをする。
②本は積み上げない。
③カーテンの使い方
④お風呂の水をはっておく。
（20㎝くらい）

2、お家で用意できる防災
①蛍光灯（けいこうとう）やガラスの破片が飛び散るのでこわれた時や破片の整理のために、ガムテ　プを用意する。
②ラジオ（明かりのつくラジオ）
③タオル・手ぬぐい
（なぜ、これらが必要なのか学芸会の2まくの学校でのひなん所の生活を思いだそう）
④マスク
⑤レインコート
（雨よけ、風よけ、虫よけ）
⑥ホイスッスルの用意
（人に助けを求めたり、自分の居場所＝いばしょを知らせたりする）
⑦乾電池（かんでんち）
ライトやラジオなどに使う
⑧飴（あめ）をもっておく。
（心が軽くなる）
⑨キャンプ用品
⑩3日間の食料は自分で確保
⑪ペットボトル（水）、缶づめ、かんぱんなど

3、地しんがきた時の防災
初期対応（すぐにやること）
①ブレーカーを降ろす
②消化器を用意しておく
③ライトを使う
④ドアやまどをあける。
（地しんと火事の時はちがう対応）

4、町の人々の防災
3つのコミュニケーション
Ⅰ、家族の協力
Ⅱ、近隣（きんりん）
近所の人と仲良くする。
Ⅲ、地いきの中で防災の力をもつ

5, 家族で話し合っておくこと

①171伝言ダイヤルを使う

(さいがいの時のきんきゅう連絡電話)

②どこで落ち合うか

③町や街を知っておくために、ひなんルートは2つ決めておく

(かならずしも1つの道で、たどりつけない時は、もう一つの行き方を調べておく)

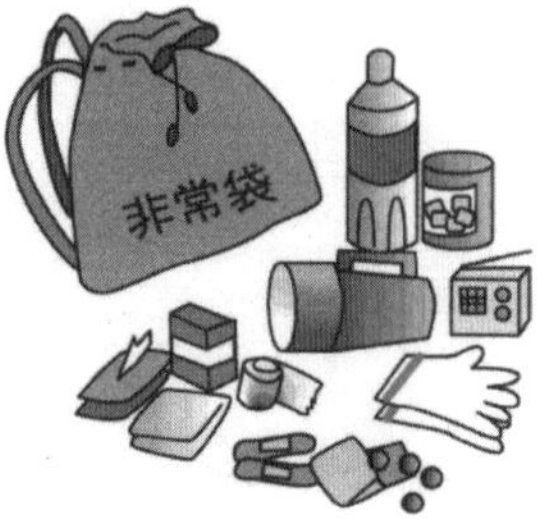


④自分が証明(しょうめい)できるものをもっていく

⑤となりの人とのあいさつ、これが大きな防災の力を高めてくれる

(遠いしんせきより、近くの他人)

近所や地いき日ごろから大切にする。

6、ライフラインという水、電気、ガスはストップする

町の防災を考えていく

①町としての防災の力は、たくさんある。

人と人との協力がかかせない

②いくかの道具を市民センターや公民館などで確保　倉庫があれば良い

救助するための道具の場所の確保

7, 知恵の防災

①新聞　②サランラップ

③包帯

④タオル

⑤手ぬぐい

⑥ガーゼ・タオル

(三角キン)

⑦10円玉を用意　公衆電話は10円玉を使う

# 自主型防災マニュアル

## ～コミュニティーの円環構造及びフローチャート～

①自主型防災組織（発生前の対応マニュアル）

（ 自治会防災マニュアル）

＊防災計画

a、緊急避難の迂回路の研究

b，危険区域の特定と整備

（個々の家の耐震構造のチェックとアンケート実施）

c、防災地図の作成

（避難方法、安全チェック、消火器の設置等）

d、防災名簿づく

e、防災リーダーの養成

f、防災機材のストックと実践（別紙を参照）

g、防災基金を募る（別紙を参照）

＊耐震構造のチェックと診断を自治体に要請

＊人的協力

（協力者のリスト化、専門関係者及び関係スタッフの形成と育成）

＊住民参加の防災訓練

＊市民主体の学習会

（関係機関と連携）

＊防災伝言板

（日頃からの交流が大切）

## ②自主型防災組織（発生直後のマニュアル）

（自治会マニュアル）

＊防災本部長（統括責任者）

＊副本部長

a、消化班 → 消化行動

b、救助班 → 救助行動

c、看護班 → 仮説病院の設置・重傷者の病院搬送

d、情報整理 連絡要員 → 渉外（関係機関との対応・連絡）

→ これら、②は人命救助を第一義としたもので、連携の機敏さが問われる。
その意味で、①での具体的な実践（発生前の対応マニュアルが大切）

→ 状況を認識しながら、避難所開設の準備をする。
（③の避難所マニュアルへとスライド）

①は日頃の備えとして、コミュニティーの質と量が問われるところである。さらに、①をベースとした非常時の②の対応が、その後の対応となる。

これらを経ながら、③の避難所でのマニュアル作成となるが①、②ともそ経験を③で発揮することになるが、③は幾分、集団生活となるところから、秩序だった形と運営の在り方が、人々のコミュニティーの問題を押し上げるか、混乱を引き起こすか、分水嶺となつていく。

また、①の発生前のマニュアル、以前に個人型防災という、各家庭で防災意識を育み家庭内での安全対策や防災グッズを確保し避難所へ駆けつけるとうこと、また、家族が連絡を取りやすい形を常に確保しておく、仲介者を通して確認がとれたり、田舎の人を間にたてて情報を確認したりする。

（これらのことに加えて、危機管理の対応としてのものは別紙に記載）

## ③避難所マニュアル

（地震が発生し、しばらくたつてからの対応マニュアル）

学校使用の学校管理マニュアルとのつき合わせが必要となる。

（管理運営と各担当部門のローテーションを確実に行う）

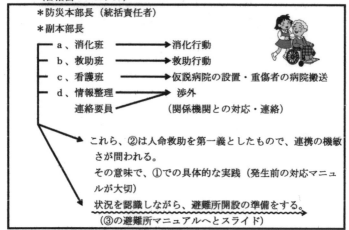

### ③避難所マニュアル

＊炊き出し班

　一日、１回～２回の炊き出し

＊食料調達班

　買出し及び食料の配給のうけおい

＊物資の輸送

　水・配給物資の輸送

＊土木班

　仮説トイレの設置、瓦礫の撤去、テントの設置

＊看護班

　負傷者・老人・子ども・障がい者のケアー

＊衛生班

　トイレ・避難所の清掃

＊子ども班

　子どもの物心両面でのケアー

（社会福祉協議会、ＮＰＯ、教員）

＊防災名簿と本人確認・避難所の生活割り当てと使用教室の割り振り

これらは、学校管理マニュアル規定と避難所相互の中から、学校長・②での防災本部長・副本部長が管理運営の指揮をすることから、秩序だった対応とコミュニティーを高めていく避難民の相互協力が問われる。

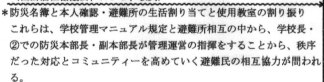

# 巨大地震と危機管理システム

## ～阪神・淡路大震災からの教訓～

「来たるべき、危機にどう備えるか！？」という問題の質については、疑問符をつけて置かなければならない。（又、これを大きな命題として発展させていく必要がある）

その意味で、①街としての防災に対する方針の明確化

②防災の組織図と指揮系統図の明確化

③、①と②を踏まえたフローチャートの組織図で中身を具体化していく形となっていく。

上記の３点の中身を具体化していくうえで、大切ないくつかの視点と問題意識を整理していく必要がある。

### ― 危機管理システムと防災の内実を作っていく基本スタンス ―

神戸の震災から復興に向けたシナリオは、どう展望づけていく必要があるのか！？

どうしても壊れていくもの、失われていくものがあるのは事実である。これを、冷厳の事実として受け止めていく必要と、ここを出発点にして人間存在のメンタリティーとしての内面を含めて、日頃の人々のコミュニティーの質が復興へのシナリオを規定づけていく。

神戸で起こった問題は、対岸の火ではなく他山の石としてどう生かしていくか、ここの問題を掘り下げ神戸への眼差しも含めて共生をはかっていく生き方と問題意識が、わが街の防災の質と内実を掘り下げていくこととなる。

防災という時に、市民が考える市民防災ということばを考えてみたい。それは、市民が自分たちの街を意識し、街に帰属し

ているという考え方がベーシックなところに存在することで、市民自治をベースとした市民防災の内実が形成されるものでありたいと考える。

~市民自治と市民防災という基本スタンス~

視点①

防ぐことから始まり又どうしても被災をやむお得ないものとして認識し地震が起こった後の個々の対応や社会的なケアーまで含めて支えの構造を作っておく必要がある。故に、防ぐことは勿論、被災は被災として二次災害、三次災害をどう防いでいくかが大切である。

視点②

<新たな危機への対応と共生思想を育む>

阪神・淡路大震災からの教訓に加えて、別の角度からの問題意識をしていく必要がある。それは、今日の社会構造に関連している。

とりわけ、今日の社会構造を規定づけていくうえで、２００１・９・１１の米国へのテロがそれである。２００１・９・１１のテロ以降、アフガン戦争、イラク戦争又、北朝鮮情勢まで含めてこれらの一連の意味するところ、色々な意味での社会不安や治安不安などが底下げ状態にあり、人々の生活も又底つき状態ということを考えれば・・・・・。

今までは、事が起こってからの対応が一般的であった。しかし、震災の教訓とテロ以降の社会問題を考えたとき、予防システムとしての

①起こり得る以前の対応　②起こってからの対応　③被災を招来してからの対応ということで、ひとつ一つを創造的に考え対応を講じていく必要がある。

共生の思想としての街づくり（この場合、防災という観点での街づくりの質を反映させていく）、それをベースとした街の点検から自治の形成に向けたあらゆる対応能力を想定していく必要があり又、それを講じていくことが問われる。

視点③

地方自治体は、震災への危機管理がどこまで行き届いているか！？　又我が街の防災対策の内実はどういうレベルにあるか！？　隣町との共生や町内会、自治会などの地域防災連絡会が機能し得るか、自治体との危機管理とどこまでタイアップできるか！？　協力関係の中身を掘り下げていく準備が必要であろう。言わば、行政の公と市民という小さな個との協力・協業の関係の構築にあるだろう。

視点④

## ＜機能型の防災と援助システムの在り様と現実＞

広い意味での社会機能化ができる災害対策（会議）の積極的な機能が肝要である。

### ――― 危機管理の第一条件 ―――

自分たちにどういう危機が発生し、派生してくるのか！？　平時の感覚では危機の時に対応できない。危機の想定の仕方に生命尊重が入る。

これは、助かる機能を最大限追及し、そのような人は是が非でも最優先する。

故に、最初の３日間は自分の命は自分で守るという形とならざるを得ない。３日分の食料や水を確保していく。個人ができる防災が必要となってくる。

個人が生きる術を身につけておきなさいというのが、今の全国的な自治体の考え方で、「現実問題」である。（これは、市民の側には大いに疑問符をつけたいところであるが、これが阪神・淡路大震災の教訓である）

言うまでもなく個人は人間として大切にされなければならない。これが災害時になると「集団の利益優先」がどうしても出てくる。

一方､確実に助けが３日間の内に来てくれるかというと保障の限りではない。消防・警察・自衛隊の組織は地域の被災や状況において順次入ってくるものと思われる。

人間は、切羽詰った状況や極限状態に陥った時に、パニックを起こす。そのパニックに乗じて火事場泥棒を想定し市民の自覚的な自治の形成が問われる。

一方で、有事のメカニズムが現れてくる。その意味で、住民主体の危機管理と防災対策の内実が問われる。

視点⑤

## ＜　震災後の防災対策　＞

＊　一時避難場所
＊　緊急避難場所
＊　広域避難場所

それぞれでの自治能力と運営の中身が問われる

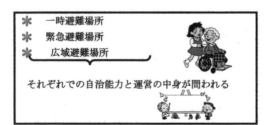

ここに、市民の力を生かす組織づくりが必要となってくる。

その根本として、居住地を超えて一つのテーマで結びついた、市民自治的なコミュニティーが相互に乗り入れ可能となれば、市民自治をどう確保し市民防災システムをどう位置づけていくのか！？　問われてくるのである。

視点⑥

## ＜市民防災力を高めていく＞

市民にでき得るのは、自覚的な日頃の街の点検であり、街の点検を通して被害を少なくし二次災害、三次災害をどう防ぐかである。

非日常（不測の事態）において、現場での対応能力と日頃の人と人とのコミュニティーの在り様と質がさらに底上げを計っていく。

一方、危機管理は行政の仕事の範疇にあるというのが本来の考え方である。その意味で公の仕事は、市民生活をフォローし支援するために何ができるかである。その意味から、防災システムは、市民協力を自治をベースにした相互の情報やコミュニティーを係わらせながら、地域の被災者の把握、ケアー等が展開できる顔と顔の見える関係づくりが自治体にこそ問われていると言っていい。それを踏まえた、コミュニティーの質が災害時に生きてくるというものである。

市民の頑張りは限界もあり、公としての行政に市民の頑張りが利く対応と社会基盤を災害発生前のところで、こういう社会保障とケアーを施しますという点が、極めて大切である。これが、見えた顔作りの前提条件としてあるだろう。

一方、市民は公を頼りにするのみならず公に対して、社会的基盤の中身を要望していくのも大切である。縦割り行政では、災害に対し何ら対応できない。行政と市民が共生し合う「人命のための緊急支援」が組織として機能して生かされなければならない。

市民支援組織のＮＰＯも含めて他者のために生きること、人を生かし自分も生かされる相互協力が被災を軽減する。

又、公と市民という個の連携を軸とした役割分担を準備していく。大きな相互乗れ入れができて公と個が創造的に生かされていく、関係の創造が阪神・淡路大震災の教訓であり本質である。

# 災害対策のフローチャートおよび支援組織

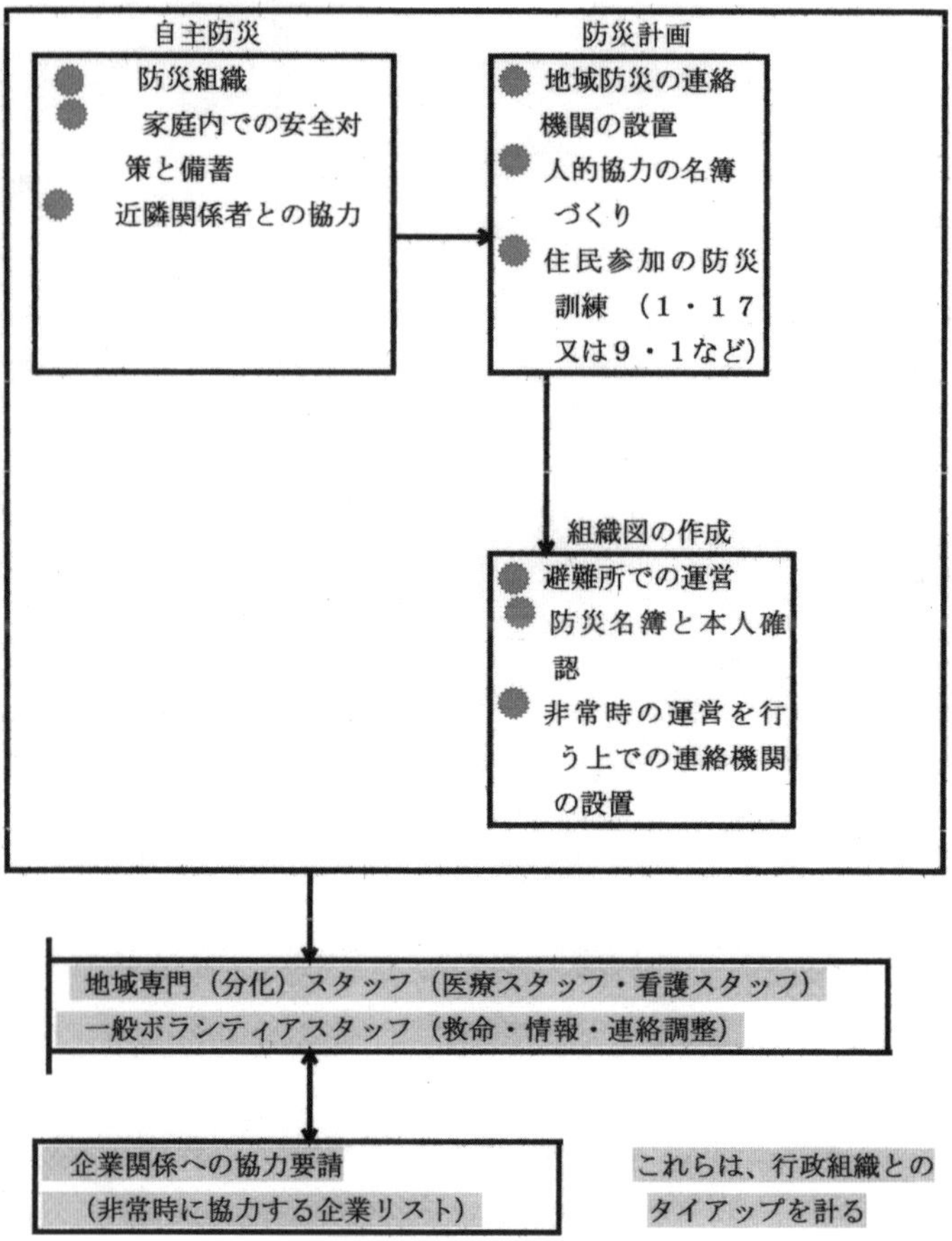
自主防災
防災組織
家庭内での安全対策と備蓄
近隣関係者との協力
防災計画
地域防災の連絡機関の設置
人的協力の名簿づくり
住民参加の防災訓練（1・17又は9・1など）
組織図の作成
避難所での運営
防災名簿と本人確認
非常時の運営を行う上での連絡機関の設置
地域専門（分化）スタッフ（医療スタッフ・看護スタッフ）
一般ボランティアスタッフ（救命・情報・連絡調整）
企業関係への協力要請
（非常時に協力する企業リスト）
これらは、行政組織とのタイアップを計る

先に付したように、前提条件として「近隣の力」が防災力を高め又、日頃の関係を結ぶことが生活関連の問題において、さらに問題解決を図る上で重要な内実を形成する。まず、「何々をしなければならない」という考えも大切ではあるが、「どこを最大公約数にするか、私たちは、どこの点でまとまっていけるか」という問題意識を出発点に据えて係わることが、ネットワークを形成していくうえで、重要なスタンスとなる。これは、共生を前提条件とする際のキーとなるところである。

行政、町の自治会、隣町の自治会、ＮＰＯスタッフ、専門的立場からのケアー、企業関係等々、これらが緩やかな形をとりつつ「地域防災連絡機関」として機能することが大切である。

また、それぞれの特に、町の自治会レベルでの防災経験（それぞれでの段階での取り組みの紹介を交換させながら他者と結び経験交流）を踏まえ情報や生きるうえでの術を学ぶ場として位置づける性格となる。

これは、やがて、現場での運営をしていく顔と顔の関係の一里塚となる。

## 関係者が見える形で 情報を提供

上記に付記したように、危機管理をスムースに行っていく上で、しっかりとした機能をもった、組織をつくって且つ運営をしていくこととなる。その意味で、それぞれの機関レベルでの経験とノウハウを提供し合いながら、防災力を高めていく必要がでてくる。

行政は、その能力として組織的に整備がどこまで、進行し実際に動いていける見えた備えを提供する。地域住民自身が生き死にに係わる点を共通項にしていることもあり、生活関連のライフラインの復旧をスムースに行う立場で、避難先でのトイレの問題でのノウハウ、そして、トイレの設営に伴う数の割り振りなど非日常でのケアーが第一義的な形となる。

ＮＰＯの自発的機能型のコミュニティーを発揮していくということも大きなキーポイントになる。

このＮＰＯのボランティアと行政が専門分化したスタッフとのコーディネーター役になっていく。そして、民間ボランティア、ＮＰＯスタッフ、行政がタイアップしながら、情報と連絡を関係機関と連携を図りながら運営をしていくこととなろう。町の自治会は、主要に、避難場所での主体を発揮していくこととなり、後方支援としての行政、ＮＰＯという形となっていく。

故に、町の自治会、隣町の自治会とが、連携をして避難場所での運営をしていく主体となっていくものと思われる。

その意味では、町の自治会としてのマニュアルが必要である。このマニュアルが生きた町づくりから街づくりへの発展の回路となる。

## ～自治会のマニュアルづくり～

①町内会の情報管理

＊消火栓はどこにおくか（どこにあるのか）

＊耐火構造の建物と耐震構造が何件、存在するのか。
（アンケートを建物アンケートで実施）

＊町内の総世帯数と人数の把握
（子どもの人数、高齢者、身障者、病人などプライベートに気をつつ実施）

＊防災名簿づくり
（この名簿に基づいて、避難場所で本人確認をする）

＊防災募金を募る
一口　１０００円（これは、町内会の会費や人数によって決定）
これらは、防災の機材に充当していく

＊機材点検と防災計画とその実践
～地域で防災デーを設ける～
ビデオ上映会、写真展、実技訓練（防災資材操作と実践）

＊街に居住する医師、（または学校関係の校医）、土木関係の専門者
子どもへの対応とケアーを行うカウンセラー、教員関係者等々、こらの協力者のリスト化

**防災のマニュアルづくりについて、計画と方針を事前に伝え、同意を図っておく必要があろう。**

## ～　震災の伴う学校運営委員会（準）の発足～

学校は、一時避難場所となることから学校は、月１回避難訓練を行っている。これを地域が係わることを通して、新たな視点で避難訓練を共有し地域防災の在り様を深めておく必要がある。

また、被災（非常時）した人も含めて避難所運営のスタッフを地域住民、教職員、自治体職員が中心になって管理運営していくということを考えれば、避難所は非日常が何日間～何ヶ月間続くことを想定し、年２回の代表者会議を開く

テーマ

生活の運営全般を見通すうえで、個々にどういう係わりとまとまりを行っていくかとなる。

＊寝泊り　＊炊き出し　＊医療　＊避難所でのライフラインの確保

＊情報伝達機関とコーディネート　＊機材持ち出しと設営

＊施設利用のための割り振り　＊トイレの扱い方

また、地域を越えたところからの集まりということもあろうと考えられる。そこで、運営委員会は、充分な準備と防災の在り様を自覚的に把握し、機敏な対応を養成していくことが問われる。

これらの大枠に加えて、

学校の備蓄点検リストの提供と地域での防災関連の器具を学校内で確保していく必要もある。

町の自治会がどこで、防災器具を日頃確保できるか、その場所は、常に非常時にも対応できる場所にあるのか？　ない場合には、学校で場所の提供をしていくことが望ましい。

防災器具チェックリスト

| 自治会器具関連の基本的なもの | | 学校での備蓄品 | |
|---|---|---|---|
| バール | ジャッキ | 毛布 | 生理用品 |
| つるはし | 脚立 | 缶詰 | 大工道具 |
| ノコギリ | リヤカー | トイレットペーパー | |
| ロープ | カート | ローソク | 炊き出し道具 |
| バケツ | シート | コンロ | 米 |
| おむつ | 石鹸 | タオル | おむつ |
| 町の水場の確保 | | 簡易トイレ | 発電機 |
| | | 石鹸 | 防水シート |

# あとがきにふれて

震災問題をライフワークとして、演劇、群読、総合的な学習の時間等で震災関連の学習を重ね実践の集大成として演劇、群読劇などで子どもたちが、表現するとはどういうことか、表現の緊張感を引き受け形にしてきた。

緊張感を形にしてきたというのは、私の意図しているのは、人が生きるとは何か、震災によって被災した人々を対象とするというのは、「生きる」ということ。人が生きるために被災地と非被災地の人がどういう関係で紡いでいけるかということを意図し、私と関わった子どもたちは、子どもたち自身で、それを引き受け実践してきた。

人のふるまい方一つで、相手への想像力で、ものの見方を深めていく。人はこころの形、物理的な存在としてのこころが見えるわけではない。しかし、人が人を気遣う、こころ遣いは見える。見えてきてはじめて相手と通じ合うことができる。

「生きるいのちのメッセージ—演劇表現を通して」と題して、被災地の現在進行形ですすむ「ポスト震災の生をどう共有することができるのか」という命題を追求してきた。

日々の生活で、被災地への相手への思いやりや、日々の友達どうしの関係も含め、つい忘れがちになる。人としての関係の創造に向けて形づくることとは何だろうか。目に見えないものであっても、相手にメッセージを託していくことで形にして、被災地のことを考えていくことで、忘れてはならない、忘れることができないぐらいの領域に迫ることができる。

また、子どもたちは震災劇、群読劇を体験することで、時代にタイムスリップすることができ、知り得たことが今後の生き方に関わってくることを学んできた。

昨今のアクティブラーニングの視点として、今日的な課題は社会の様、起こっている今を考える。そのことをメッセージにして表現していく。共に考える場、共に被災者になりきり演劇表現することで思考と社会性がリンクしていく。教科書には、6年生での理科、地震から防災の問題に教科書や副読本を使って学習する機会も少しずつ増えてきているが、教員の意識をより高くもたないと防災意識は、ただ単に、学校の避難訓練の避難の仕方に特化していくことになる。

対岸の火を教訓にしていくのは、あくまでも、自分たちの安全確保のためである。我が町の防災ということでは正しいものの、被災地への視点があってこそ、どういう関係が大切かを学んでいくことにアクティブラーニングの意味と視点があって震災劇に生かされるということで、取り組んできた。

## 今、何故震災劇なのか

今、何故震災劇なのか。全国的にも少数の学校でしか取り組んでいないと思われる。人の「生きる」に関係するとは、生きているものの魂と死者の魂の行方ということで結び合わせ、問題意識を子どもたちが学習を通して、表現という形にしていく。亡くなった方々のことを昨今の台風被害、大雨被害を目の当たりにしての体験からも被災地へと重ね合わせることで想像力は容易にできる。震災は災害であり、災害を身近な生活から見てとれる今だからこそ、大切な学びを掘り下げることができる。

それは、今後の生き方を自分に問い続けることとなる。被災地の人々は生活の再建と地域の再生を身近に感じている中で暮らしている。私自身が被災地に足を運ぶことで知り得ることは、東京の都会に暮らす人との意識の落差を埋めていく作業でもあった。

また、子どもたちは、遠い過去のできごととしてのみ、捉えがちになる。歴史認識同様に歴史から見えてくるもの、過去からの教訓化を図ること。最初は被災地への思いは、「かわいそう」「がんばって」という、予想した通りの言葉が口からでてきた。

「かわいそう」「がんばって」は他人事。指導を通して、自分事にして捉えることができたとき、意識の到達点は変わった。

私がメッセンジャーとなり、ボランティアをやりそこから感じたことを伝えていきたい。それは、体験から得たものとは何か、「人が一番大切なものは何か」「亡くなった方々への鎮魂の言葉」を言葉にしたとき、被災した気持ちになったとき、どんな作文になるかの指導も含め、他者への眼差しとこころの物差しをどんな尺度と原寸大の自分をどういう意識で表現するかということである。

それが演劇の指導にそのまま生かされていくこと。自然とスライドできる事柄と思われたものの、そう簡単に文字にできるものではなく、「じゃ〜、表現してみよう」ということにはならない。

それは、感じたことからスタートし、言葉にし（作文、詩）、形（演劇）にしていくには、ステップアップの階段を用意してきた。それは、言葉の発信力、生きた言葉の力ということを考えたとき、子どもたちは、一つひとつの言葉に力がなく、ましてや心象風景をどこまで捉えていたか、最初は像が見えない。故に、想像を絶するような町や人の息づかいが聞こえてこない。そんな惨状を写真、動画でイメージをさせた。そのリアリティと日常の風景から隔絶された人々がどこにいて、今、何をしているのか、津波、原発事故後の人々の今は、という問いを見つけることで被災地の今を考えることができてきた。調べ学習も、被災地の今の復興の様子、当時、生き抜いた人々が何を考え、何を力にして生きてきたのかを考えるようにもなってきた。

これらの問題意識の蓄積から演劇というものの形にしていく作業に入った。子どもたちは、変わる。変わったことが見てとれる。この場面では、どのような言い方、動作を交え言葉の言い回しを考えていくことができていく。

故に、非日常の調べ学習から、日ごろ体験することのない他者を意識することを少しずつではあるが意識するようになってきた。

これを生活の根に下ろしていくことで日常の中から想像していく。自らの生き方に変えていく。

これは演劇を通して意識することの経験に意味があったと考える。

坂本比呂実さん、楢崎茂彌さんのお二人の協力執筆が出版の後押しとなったことは大変ありがたいことであった。お礼を申し上げたい。坂本比呂実さんは、立川市の柏小学校で同じ学年を組み、彼女からの被災地支援がなければ校内での被災地支援がままならなかったのも否めない。熱意のある人からの影響が様々な取り組みの発露となり、被災地支援の継続へとつながっていった。

楢崎茂彌さんは、元高校の教員で、今は地域で映画作り、立川市の歴史編纂の副編集長も経験され、委員として活動されている。また、立川市の社会科の研修の講師でもあり、私が勤務していた学校にも来ていただき、6年生に空襲の歴史などを教え頂いた経緯がある。地域でお二人の活動が教育現場で生の声として伝えていただくというのは、大変ありがたいことである。

お二人の教育活動に敬意を表するとともに、同時に協力執筆していただいたことは意味があると考える。本書に添えられた言葉、一つひとつが現場という皮膚感覚からの、つまりフィールドワークからの言葉である分、「いのちのメーッセージ」にふさわしい言葉を頂いたことに感謝申し上げたい、ありがとうございました。

最後に、柘植書房新社の上浦英俊氏に感謝申し上げる。原稿をもちこんだ際には様々な意見交換を行い、他にはない内容で、私が体験し指導してきた演劇を通して、どういう経緯で取り組んできたのか、子どもたちの変容と子どもの意識のもち方などを書き綴ることで出版の運びとなることが考えられる。大変有り難い意見をいただいた。前回（２００３年）震災の実情を阪神・淡路大震災で出版している（『市民自治と市民防災』柘植書房新社）。今回は視点と切り口を変えての出版となったのは私自身、予想をしていなかった出版内容であった。書き綴る中、学校現場で関わってきたことの集大成と言ってもいい。本文でも付記しているが若い教員、将来教員になる人びとへのメッセージともなった。

また、今回の上梓したものは、２０１９年度日本教育弘済会から教育特別賞（個人の研究実践報告）を受賞したものに加筆したものであり、自分の実践の資料を含めたものを掲載している。台本を入れ込んでいる分、様々な学校で演劇を学習発表会、学芸会などで取り組む材料にもなっている。活用願いたい。

その点では、学習教材にもなったことはありがたいことである。重ねて感謝を申し上げたい。上浦社長の出版に耐えうるものの内容にしたいという想いから私も良い学習をさせていただいた。また、貴社の出版意欲に敬意を表したい。（了）

真冬の被災地への眼差しを通して

松本　由隆

■著 者：松本　由隆（まつもと　ゆたか）
1953年生まれ。松江市出身。
明星大学人文学部心理教育学科卒業。紀伊國屋書店勤務を経て現在、東京都公立学校教員。
「変わる就労　労働運動から見た障がい者解放の視座」「季刊福祉労働」43号（現代書館）、「技術と人間」（月刊誌、技術と人間）にルポを７年間掲載、「書店メディアと天皇制」「週刊読書人」（読書人）、「ちびくろサンボと悪魔の詩の諸相」（図書館問題を考える会）『市民自治と市民防災　～阪神・淡路大震災から見えてくるもの～』（柘植書房新社）
「教育実践報告『震災を問う　演劇表現を通して考えたこと、考えさせられたこと』
教育特別賞受賞〔日本教育弘済会　個人部門　2019年〕

震災を問う　生きるいのちのメッセージ—演劇表現を通して

2021年8月20日第１刷発行　定価2,000円＋税

著　　者　松本　由隆
装　　幀　市村繁和（i-Media）
発 行 所　柘植《つげ》書房新社
〒113-0001　東京都文京区白山1-2-10　秋田ハウス102
TEL 03（3818）9270　FAX 03（3818）9274
郵便振替00160-4-113372　https://www.tsugeshobo.com
印刷・製本　創栄図書印刷株式会社
乱丁・落丁はお取り替えいたします。　ISBN978-4-8068-0750-6　C0030